わからないをわかるにかえる付録

みるみるわかるカード

中学 公民

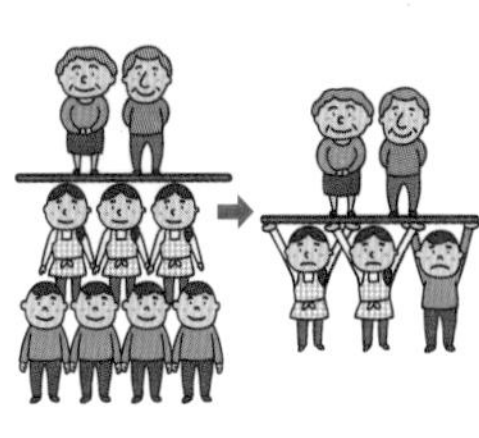

少子高齢化（しょうしこうれいか）

どんな問題？

1

アイヌ文化と琉球文化（りゅうきゅうぶんか）

それぞれどこの都道府県（とどうふけん）の伝統文化？

2

核家族（かくかぞく）

どんな家族？

3

臣民の権利（しんみんのけんり）

何という憲法（けんぽう）で保障（ほしょう）された人権？

4

国民主権（こくみんしゅけん）
基本的人権の尊重（きほんてきじんけんのそんちょう）
平和主義（へいわしゅぎ）

何という憲法の基本原理（きほんげんり）？

5

核兵器を（かくへいきを）

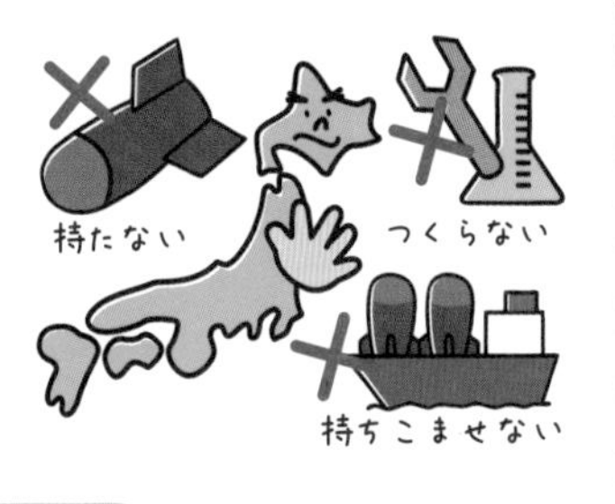

この原則（げんそく）を何という？

6

個人の尊厳と（こじんのそんげんと）
両性の本質的平等（りょうせいのほんしつてきびょうどう）

この原則（げんそく）に基（もと）づく人権は？

7

生存権（せいぞんけん）

どのような人権？

8

国民の○○○○

イラストにかかれたものは何？

9

生まれる子どもの数が減り，高齢者の割合が増える問題。

これを何という？

→本冊1

- ミシン目で切り取り，穴にリングなどを通して使いましょう。
- カードの表面が重要語句，裏面がその説明や関連することがらになっています。それぞれが，左下の答えになります。

夫婦のみ，または親と未婚の子どもからなる家族。

これを何という？

→本冊3

北海道と沖縄県の独自の伝統文化。

それぞれ何という？

→本冊2

日本国憲法

3つの基本原理は何？

→本冊5

大日本帝国憲法

この憲法で制限つきで保障された人権を何という？

→本冊4

平等権

平等権は憲法の「個人の＿＿＿と両性の本質的平等」に基づく。

→本冊7

非核三原則

どのような原則？

→本冊6

国民の三大義務

それぞれどのような義務？

→本冊9

健康で文化的な最低限度の生活を営む権利。

これを何という？

→本冊8

ドナーカード

新しい人権のうち，何を尊重するもの？

10

多数決（たすうけつ）

賛成16　反対15

1票の差でも賛成が議決される

多数決で決定する場合に注意しなければならないのは？

11

比例代表制（ひれいだいひょうせい）

C党＝1人　B党＝2人　A党＝4人

死票は少ない

得票数に応じて政党に議席が割りふられる

何の得票数に応じて議席を配分する？

12

与党（よとう）

与党　野党

政権を担当します　反対　反対

A党　B党　C党　D党

0　50　100%

どのような政党？

13

衆議院と参議院（しゅうぎいんとさんぎいん）

任期4年　解散がある

任期6年　解散がない

衆議院　参議院

2つの議院で慎重（しんちょう）に議論を行うしくみを何という？

14

法律の制定

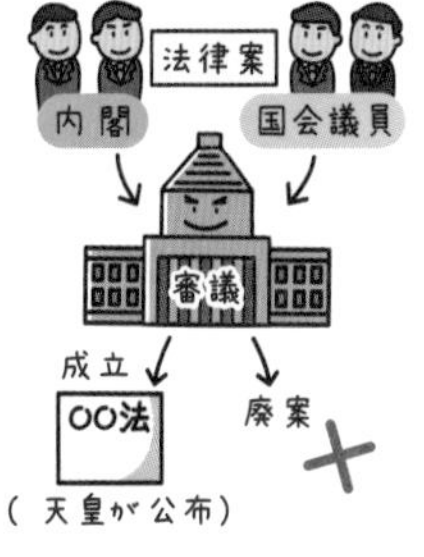

法律案

内閣　国会議員

審議

成立　廃案

〇〇法

（天皇が公布）

国会だけが持つ，法律を制定する権限（けんげん）を何という？

15

議院内閣制（ぎいんないかくせい）

指名・不信任決議

内閣

連帯責任・衆議院の解散

内閣（ないかく）が何の信任（しんにん）と連帯責任（れんたいせきにん）を背景（はいけい）に成り立つ制度？

16

公務員（こうむいん）

警察官　消防士　公立学校の教師

どのような人々？

17

三審制（さんしんせい）

あと2回受けられます

判決に納得できません

どのようなしくみ？

18

刑事裁判（けいじさいばん）

ドロボー　被告人を懲役…

どのような裁判？

19

少数意見(しょうすういけん)の尊重(そんちょう)

少数意見を尊重した上で，最後はどのようにして意見をまとめる？

→本冊11

自己決定権(じこけっていけん)

臓器提供(ぞうきていきょう)の意思決定を示(しめ)すために持つカードは？

→本冊10

内閣(ないかく)を組織して政権(せいけん)を担当(たんとう)する政党(せいとう)

これを何という？

→本冊13

政党(せいとう)

政党の得票数(とくひょうすう)に応(おう)じて議席を配分(はいぶん)する選挙制度は？

→本冊12

立法権(りっぽうけん)

どのような権限(けんげん)？

→本冊15

二院制(にいんせい)

２つの議院のそれぞれの名前は？

→本冊14

行政(ぎょうせい)を担当する職員。全体の奉仕者(ほうししゃ)。

このような人々を何という？

→本冊17

内閣(ないかく)が国会の信任(しんにん)に基(もと)づいて成立し，国会に対して連帯責任(れんたいせきにん)を持つ。

この制度を何という？

→本冊16

犯罪(はんざい)に関して，有罪か無罪，罪の重さを決める裁判(さいばん)

これを何という？

→本冊19

裁判(さいばん)を慎重(しんちょう)に行うため，一つの事件(じけん)で３回まで裁判を受けることができる。

これを何という？

→本冊18

さんけんぶんりつ
三権分立

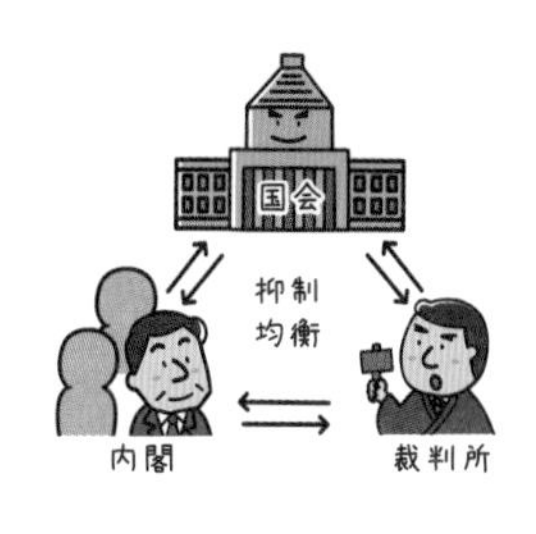

どのようなしくみ？

20

ちほうこうきょうだんたい
地方公共団体

どのようなものがある？

21

じょう　れい
条　例

どのようなきまり？

22

ちょくせつせいきゅうけん
直接請求権

どのような権利？

23

か　けい
家　計

どのような経済活動？

24

ピーエルほう　せいぞう
ぶつせきにんほう
PL法(製造物責任法)

どのような法律？

25

かぶしきがいしゃ
株式会社

どのような企業(きぎょう)？

26

ねんこうじょれつ
ちんぎん
年功序列の賃金

どのような賃金？

27

じゅ　よう
きょう　きゅう
①需　要
②供　給

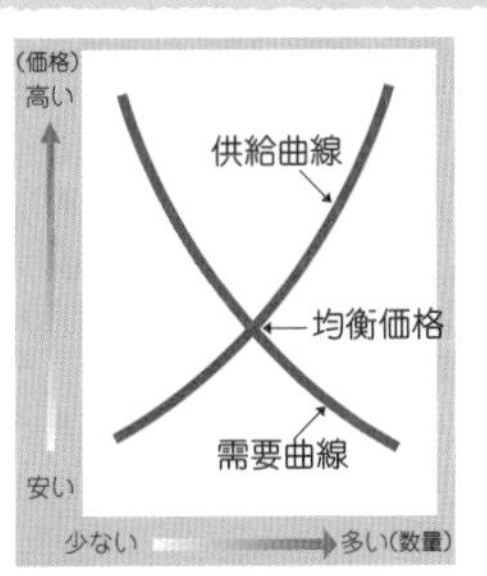
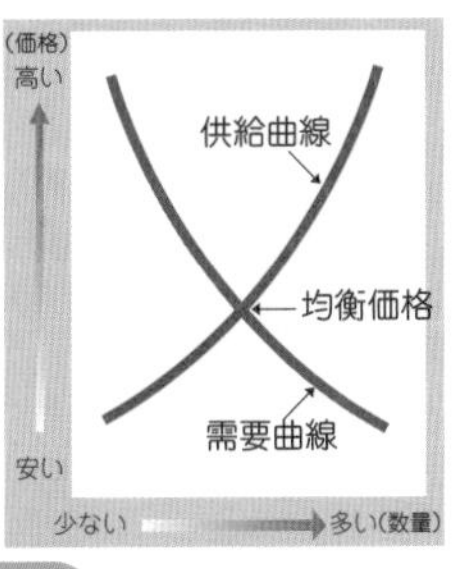

それぞれどのようなもの？

28

にほんぎんこう
日本銀行

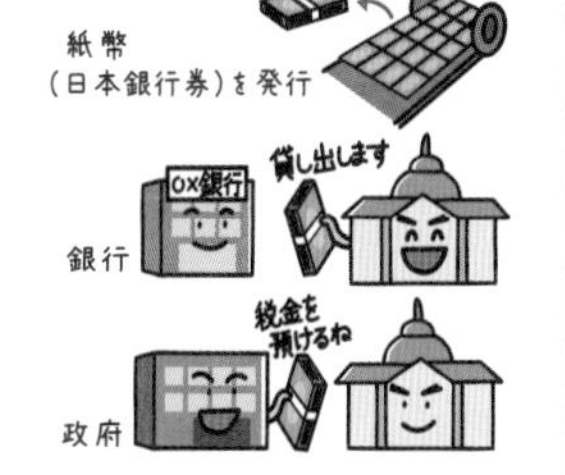

3つの役割は何？

29

市(区)町村と都道府県

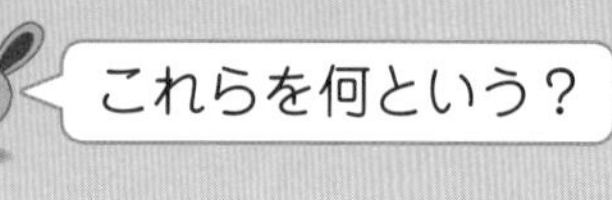

→本冊21

立法権・行政権・司法権が互いに抑制しあい，均衡を保つしくみ。

これを何という？

住民が首長や議会のリコールや，条例の改廃などを求める権利。

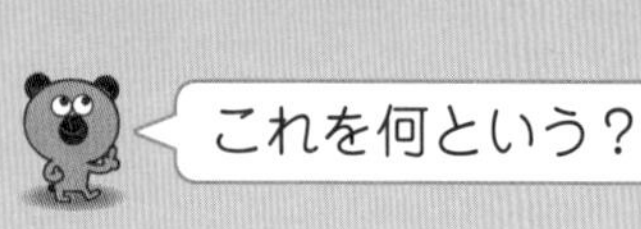

地方議会が制定する，その地方公共団体だけに適用されるきまり。

これを何という？

製品の欠陥によって被害をこうむった消費者が，企業側の過失を証明しなくても損害賠償を受けることができる法律。

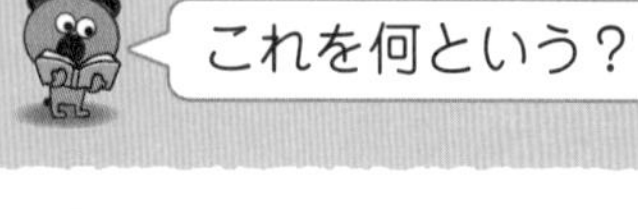

家庭が営む経済活動(収入・消費・貯蓄)のこと。

これを何という？

勤続年数が長いほど，賃金も高くなるしくみ。

これを何という？

株式を発行し，資金を多くの人から集めてつくられる企業。

これを何という？

①発券銀行

②銀行の銀行

③政府の銀行

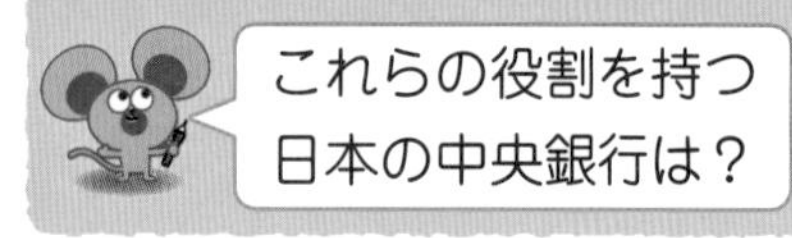

→本冊29

①消費者が買いたい量

②生産者が売りたい量

それぞれ何という？

→本冊28

るいしんかぜい
累進課税

どのようなしくみ？

30

デフレーション
デフレーション（デフレ）

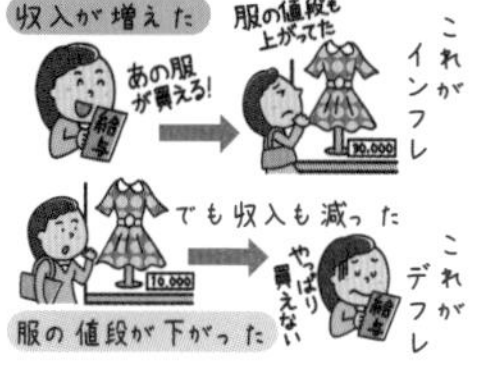

どのような現象？

31

しゃかいほしょう
社会保障

日本の社会保障の４つの柱とは？

32

かいごほけん
介護保険

何歳以上に義務付けられている？（なんさいいじょう・ぎむづ）

33

よんだいこうがいびょう
四大公害病

４つの病気は？

34

えんやす
円安

輸出と輸入のどちらに有利？

35

はいたてき けいざいすいいき
排他的経済水域

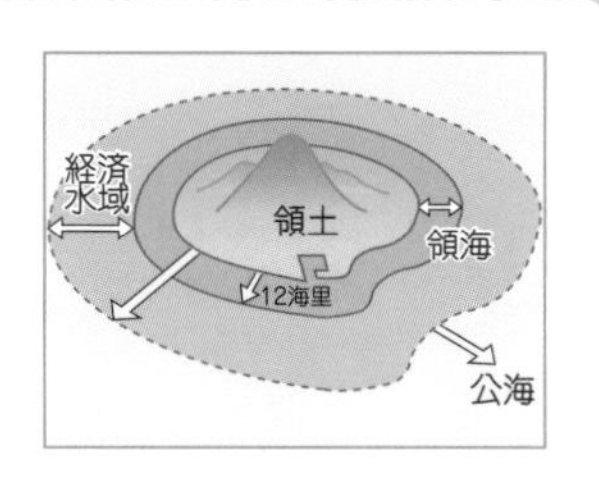

沿岸から何海里以内の水域？（えんがん・かいり・すいいき）

36

あんぜんほしょうりじかい
安全保障理事会

常任理事国が持つ権限は？（じょうにんりじこく・けんげん）

37

ひせいふそしき
非政府組織

アルファベットの略称は？（りゃくしょう）

38

なんなんもんだい
南南問題

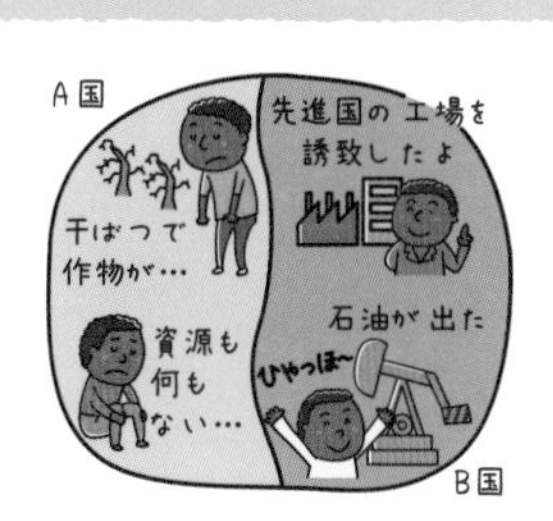

どのような問題？

39

物価が継続的に下がり，貨幣価値が上がる現象。

これを何という？

→本冊31

所得が高くなるほど，税率が高くなるしくみ。

これを何という？

→本冊30

40歳以上に加入が義務付けられている保険。

これを何という？

→本冊33

①社会保険　②社会福祉
③公衆衛生　④公的扶助

これらをまとめて何という？

→本冊32

円の価値が下がり，輸出に有利な状態。

これを何という？

→本冊35

水俣病・新潟水俣病・イタイイタイ病・四日市ぜんそく

これらをまとめて何という？

→本冊34

拒否権

国連の何という組織の常任理事国に認められている？

→本冊37

沿岸から200海里以内の水域

これを何という？

→本冊36

発展途上国間における経済格差の問題。

これを何という？

→本冊39

NGO

正式名称は？

→本冊38

わからないを
わかるにかえる
中学公民

文理

もくじ contents

1 現代の社会・人権と日本国憲法

2 現代の民主政治

3 くらしと経済

4 現代の国際社会

イラスト：artbox，キットデザイン
写真提供：アフロ，日刊現代，久野真一/JICA，毎日新聞社，読売新聞，ロイター
（五十音順，敬称略）

この本の特色と使い方

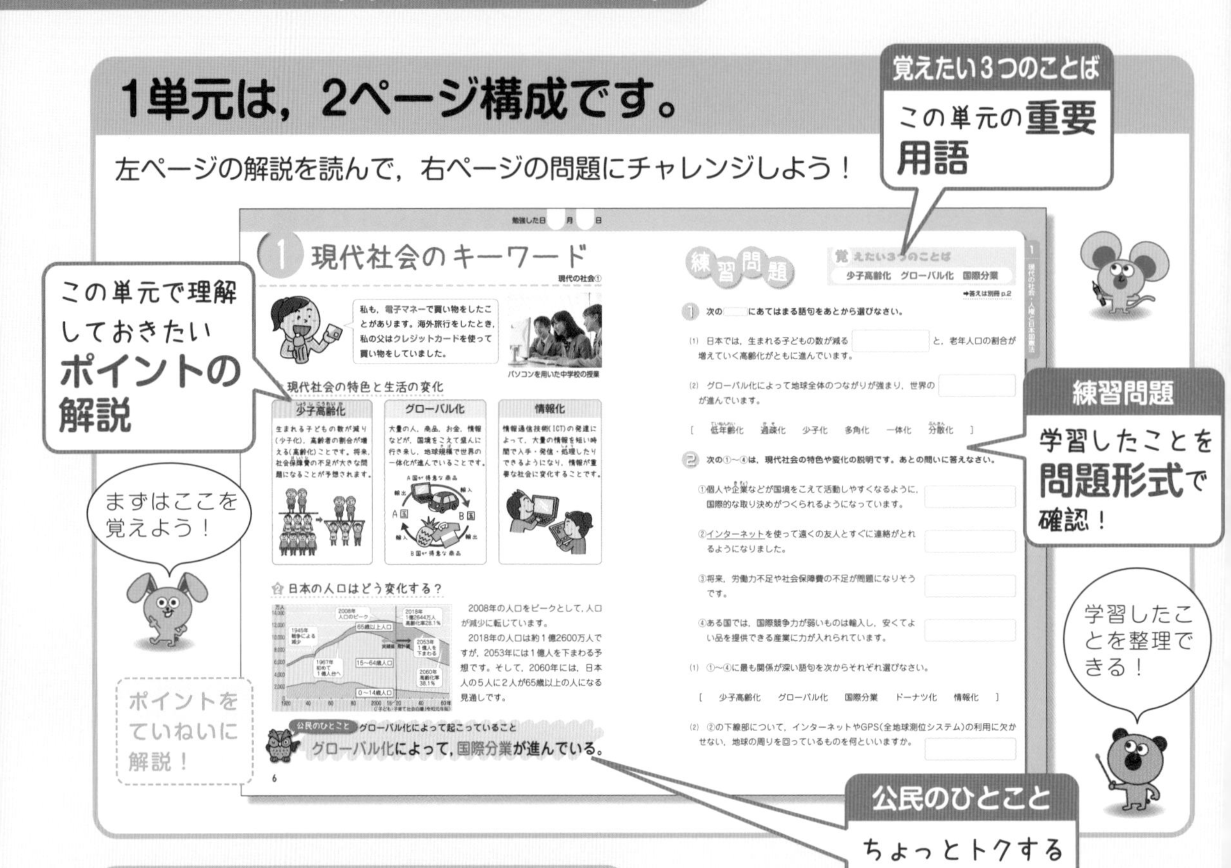

解答集は，問題に答えが入っています。

問題を解いたら，答え合わせをしよう！

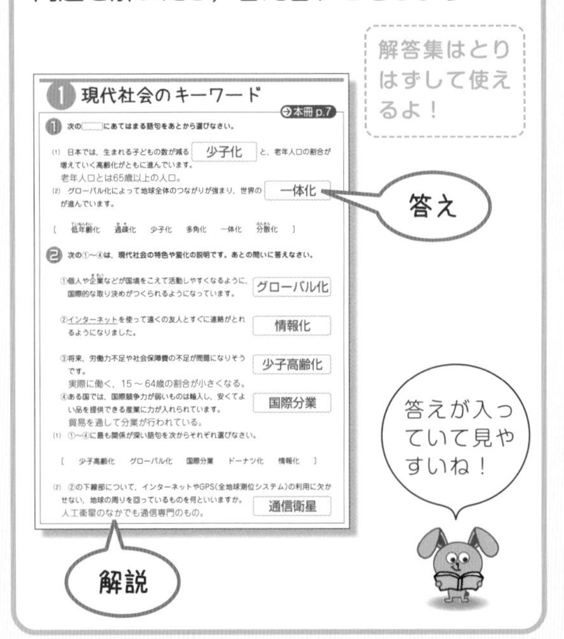

- **単元のまとまりごとに，まとめのテストがあります。**
  テスト形式になっているよ。学習したことが定着したかチェックしよう！
- **章の最後には，特集のページがあります。**
  重要用語をもう一度確認できるよ。しっかり書いてみよう！

付録カードで，みるみるわかる！

現代の社会・人権と日本国憲法

1

公民三択クイズ

①日本で現在起こっていないものはどれ？

情報化は進んでいます。

A　人口増加
B　グローバル化
C　情報化

②日本国憲法（けんぽう）にあてはまらないものはどれ？

A　天皇主権（てんのうしゅけん）
B　基本的人権（きほんてきじんけん）の尊重（そんちょう）
C　平和主義

正しくは，「国民主権」。

③次の中で最も新しい人権はどれ？

このカードに関係します。

A　自己決定権（じこけっていけん）
B　平等権（びょうどうけん）
C　生存権（せいぞんけん）

➡答えは 4 ページに

現代社会のキーワード

私も，電子マネーで買い物をしたことがあります。海外旅行をしたとき，私の父はクレジットカードを使って買い物をしていました。

パソコンを用いた中学校の授業

1 現代社会の特色と生活の変化

少子高齢化（しょうしこうれいか）

生まれる子どもの数が減り（少子化），高齢者の割合が増える（高齢化）ことです。将来，社会保障費（ほしょうひ）の不足が大きな問題になることが予想されます。

グローバル化

大量の人，商品，お金，情報などが，国境をこえて盛んに行き来し，地球規模（きぼ）で世界の一体化が進んでいることです。

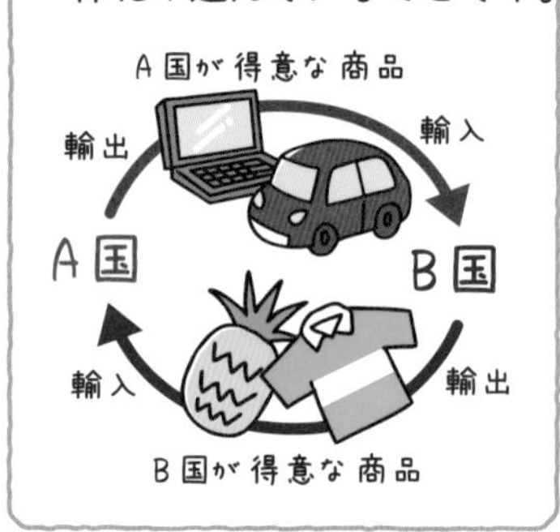

情報化

情報通信技術（ICT）の発達によって，大量の情報を短い時間で入手・発信・処理（しょり）したりできるようになり，情報が重要な社会に変化することです。

2 日本の人口はどう変化する？

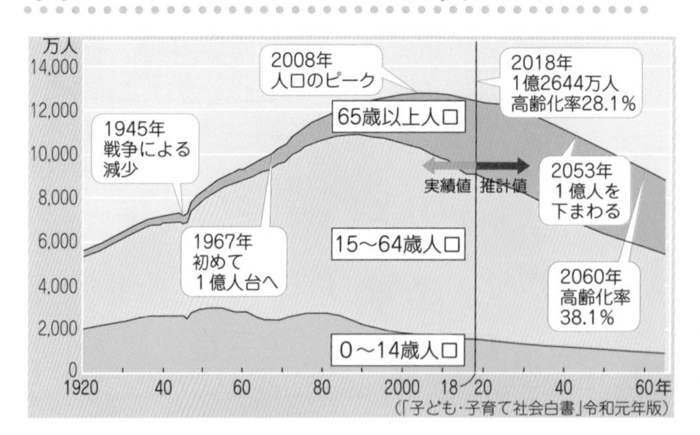

（「子ども・子育て社会白書」令和元年版）

2008年の人口をピークとして，人口が減少に転じています。

2018年の人口は約1億2600万人ですが，2053年には1億人を下まわる予想です。そして，2060年には，日本人の5人に2人が65歳以上の人になる見通しです。

公民のひとこと グローバル化によって起こっていること

グローバル化によって，国際分業が進んでいる。

覚えたい3つのことば

少子高齢化　グローバル化　国際分業

➡答えは別冊 p.2

1　次の□にあてはまる語句をあとから選びなさい。

(1)　日本では，生まれる子どもの数が減る□と，老年人口の割合が増えていく高齢化がともに進んでいます。

(2)　グローバル化によって地球全体のつながりが強まり，世界の□が進んでいます。

[　低年齢化(ていねんれい)　過疎化(かそ)　少子化　多角化　一体化　分散化(ぶんさん)　]

2　次の①～④は，現代社会の特色や変化の説明です。あとの問いに答えなさい。

①個人や企業(きぎょう)などが国境をこえて活動しやすくなるように，国際的な取り決めがつくられるようになっています。□

②インターネットを使って遠くの友人とすぐに連絡がとれるようになりました。□

③将来，労働力不足や社会保障費の不足が問題になりそうです。□

④ある国では，国際競争力が弱いものは輸入し，安くてよい品を提供できる産業に力が入れられています。□

(1)　①～④に最も関係が深い語句を次からそれぞれ選びなさい。

[　少子高齢化　グローバル化　国際分業　ドーナツ化　情報化　]

(2)　②の下線部について，インターネットやGPS(全地球測位システム)の利用に欠かせない，地球の周りを回っているものを何といいますか。□

2 私たちの文化と社会

現代の社会②

ことなる文化をもつ人々がたがいを認め合って共に生きることを**多文化共生**というよ。ことなる文化が交流することで，新しい文化が生まれることもあるんだよ。

東九条マダン

1 世界の宗教と日本の伝統文化・独特な文化

三大宗教

キリスト教・仏教・イスラム教です。国や民族をこえて世界各地に広がっているので，多くの人々が信仰しています。

日本の伝統文化

能・狂言，歌舞伎，茶道，華道，和服などがよく知られています。年中行事や冠婚葬祭も伝統文化です。

琉球文化とアイヌ文化

かつての琉球王国(沖縄や奄美群島)に伝えられているのが琉球文化です。アイヌ文化は，北海道の先住民族アイヌの人たちによってになわれてきた文化です。

2 日本の年中行事と私たちのくらし

月	行事
1月	正月・初もうで
2月	節分・豆まき
3月	桃の節句・ひな祭り
	彼岸
4月	花見
	花祭り
5月	端午の節句
7月	七夕
8月	お盆(一部の地域では7月中旬)
9月	菊の節句
	十五夜
	彼岸
10月	秋祭り
11月	七五三
12月	クリスマス

正月やお盆のように毎年決まった月日や季節に行われる伝統的な行事を，**年中行事**といいます。

仏教や神道の儀礼・風習・行事に由来するものが多くありますが，クリスマスのような**キリスト教**の祝祭行事も定着しています。

公民のひとこと　結婚式と宗教

神道やキリスト教の結婚式が多いが，仏前結婚式もある。

練習問題

覚えたい3つのことば

伝統文化　琉球文化　アイヌ文化

➡答えは別冊 p.2

1 次の□にあてはまる語句をあとから選びなさい。

(1) 沖縄では，アメリカの影響（えいきょう）を受けた文化や，伝統のある□文化などが融合した，独自な文化が形成されました。

(2) 北海道やサハリン，千島列島を中心にくらしてきた□の人たちは，独自の文化を継承（けいしょう）してきました。

［ 東南アジア　朝鮮（ちょうせん）　ロシア　琉球　アイヌ ］

2 次の表は，日本のおもな年中行事を示しています。あとの問いに答えなさい。

1月	2月	3月	4月	5月	7月	8月	9月	10月	11月	12月
正月・初もうで	節分・豆まき	桃の節句・ひな祭り 〔 A 〕	花見 花祭り（ブッダの誕生（たんじょう）を祝う日）……B	端午の節句	七夕	お盆（一部の地域では7月中旬）	菊の節句 十五夜 〔 A 〕	秋祭り	七五三	クリスマス……C

(1) 3月と9月の〔 A 〕に共通してあてはまるものを，次から選びなさい。

〔 彼岸　しょうぶ湯　ゆず湯　月見 〕

(2) BとCに最も関係が深い宗教を，次から選びなさい。

B □

C □

［ イスラム教　キリスト教　仏教 ］

(3) 長い歴史を通して現在まで受け継（つ）がれてきた，年中行事や冠婚葬祭のほか，茶道や華道などの文化を何といいますか。

3 社会集団とルール

学級の会議では，**多数決の原理**で結論を決めることが多いですね。話し合いの時間をしっかりとって，**少数意見**も尊重するように心がけています。

ごみを出す日のルール

1 社会集団の中でよりよく生きるために

核家族

夫婦のみ，または親と未婚の子どもからなる家族のこと。日本では最も一般的な家族の形態です。

きまりの具体例

国の法律や条約，仲間や家族との約束ごと，スポーツのルール，学校や生徒会の規則など。対立を調整し，トラブルを未然に防ぐ効果があります。

契約

契約では，だれにどのような権利があり，義務や責任を負わなければならないかをはっきりさせます。契約を守れば，お互いの権利や利益が守られるようになっているのです。

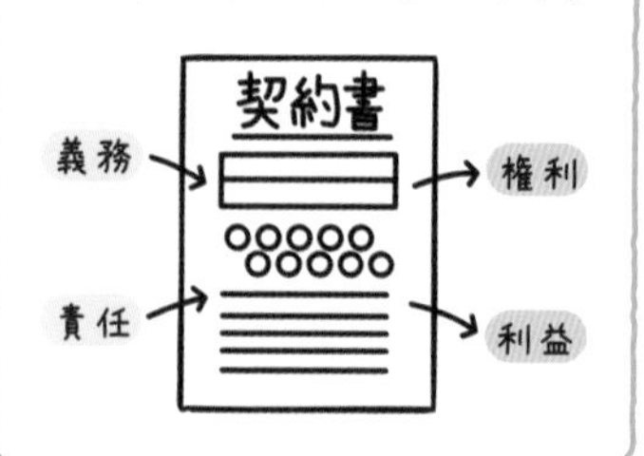

2 みんなが納得できる解決策をつくるために

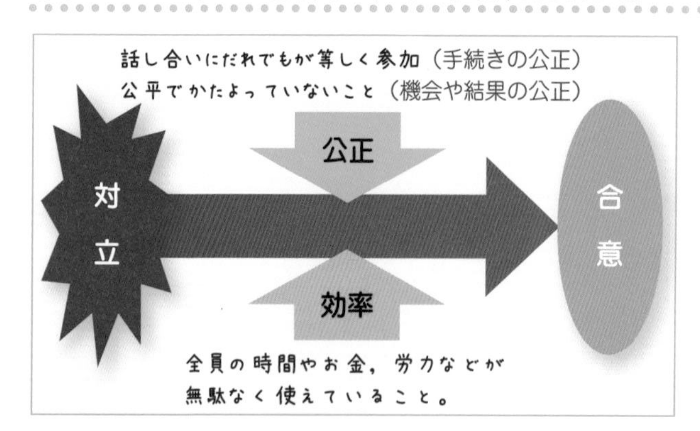

　ある集団に属する人々の間で問題が起こり，**対立**したとき，どのようにすれば，**合意**に達することができるでしょうか。

　みんなで決めて，負担が同じになるようにすること（**公正**）や，全体として無駄がないようにすること（**効率**）で，納得が得られやすくなるでしょう。

公民のひとこと バレーボールのネットの高さの男女差は何cm？

中学生の場合は，男子が2.30m，女子が2.15mで，その差は15cm。

覚えたい3つのことば

核家族　対立と合意　効率と公正

➡答えは別冊 p.2

1 次の□にあてはまる語句をあとから選びなさい。

(1) 夫婦のみ，または親と未婚の子どもからなる家族を［　　　］といいます。

(2) 会社間や個人間で結ばれる［　　　］では，それぞれの権利や義務，責任をはっきりさせています。

(3) きまりは，たがいの権利や利益を守るものです。だからこそ，私たちは，お互いが［　　　］したかぎり，そのきまりを守る責任が生じます。

［　対立　合意　条約　契約　三世代家族　核家族　］

2 次の①～③は，きまりを評価する視点を示しています。あとの問いに答えなさい。

① きまりをつくる過程にみんなが参加しているか。

② 特定の人が不利になっていないか。

③ みんなの時間やお金，労力などが無駄なく使われているか。

(1) ①～③の視点と最も関係が深い語句を，あとからそれぞれ選びなさい。

①［　　　］　②［　　　］　③［　　　］

［　効率　全員一致　手続きの公正　結果の公正　］

(2) 採決の方法のうち，一定時間内で決定できるという長所がある一方，少数意見が反映されにくいという短所があるものを何といいますか。［　　　］

まとめのテスト

勉強した日　月　日　得点　／100点

➡答えは別冊 p.3

1 右の人口ピラミッドを見て，次の問いに答えなさい。 5点×5(25点)

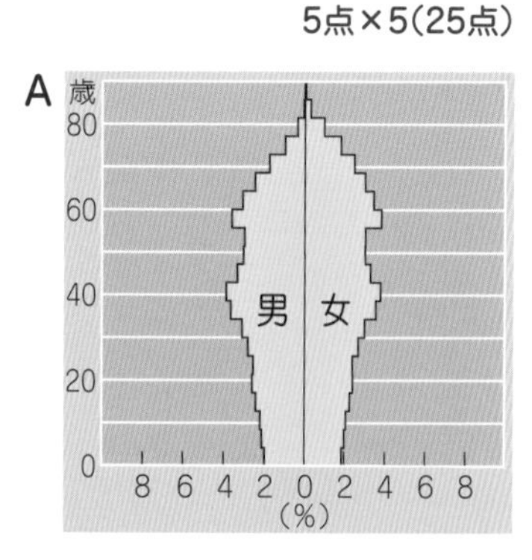

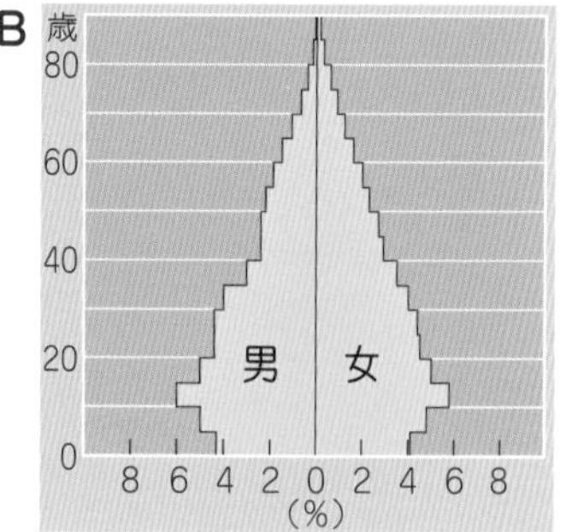

(1) 右のA，Bは，1965年または2018年の年齢(ねんれい)別人口割合を示しています。2018年の割合はどちらですか。
（　　　）

(2) 少子高齢化(しょうしこうれいか)と関係が深いものを，次から１つ選びなさい。（　　　）

ア　子育てと働くことが両立しやすい社会である。
イ　結婚(けっこん)年齢が低く，結婚している人の割合が多い。
ウ　平均寿命(じゅみょう)が年々のびている，長寿(ちょうじゅ)社会である。
エ　情報化が進展し，生活が便利になっている。

(3) 少子高齢化の社会的影響(えいきょう)を述べた次の文中の①～③にあてはまる語句を，あとからそれぞれ選びなさい。

今後，［①］力人口が減少し，日本の産業全体がおとろえることが心配されています。高齢者の公的な医(い)療保険(りょうほけん)の給付や［②］の受給が多くなると，国民一人あたりの負担(ふたん)が重くなります。体の不自由な高齢者向けの［③］サービスの充実も求められています。

［　保育　　介護(かいご)　　年金　　労働　　税金　］

①（　　　）
②（　　　）
③（　　　）

2 外国人登録者数の推移(すいい)を示したグラフを見て，次の問いに答えなさい。 5点×4(20点)

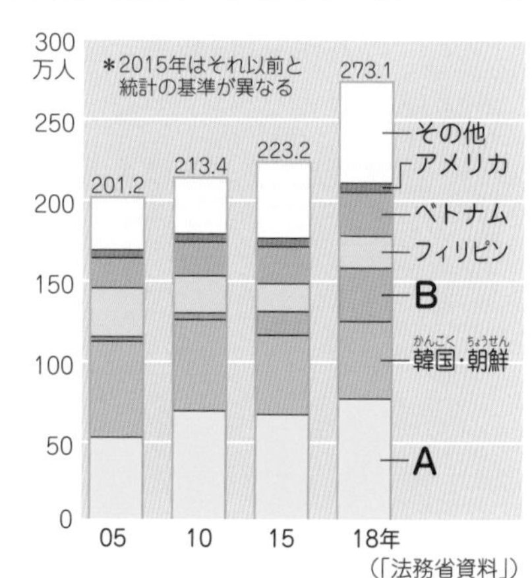

(「法務省資料」)

(1) 右のAは，日本の最大の貿易相手国でもある東アジアの国です。国名を答えなさい。
（　　　）

(2) 右のBは，国別に見て日系人の人口が最も多い，南アメリカの国です。国名を答えなさい。
（　　　）

(3) 大量の人，商品，お金，情報などが国境をこえて容易に移動し，世界の一体化が進行していることを何といいますか。（　　　）

(4) 世界の国々が，自国で競争力がある産業に力を入れる一方，競争力のないものは外国から輸入するしくみを何といいますか。（　　　）

3 次の写真を見て，あとの問いに答えなさい。 5点×6(30点)

①

②

③

④

(1) 結婚式の様子を示した①，②と関係が深い宗教を，それぞれ答えなさい。

①(　　　　　　) ②(　　　　　　)

(2) ③は，何という民族の人々の伝統的な衣装(いしょう)ですか。 (　　　　　　)

(3) 白川郷(しらかわごう)や五箇山(ごかやま)で，④のように特徴的な家が建てられた理由を，次から選びなさい。

ア 台風が多い　**イ** 風が強い　**ウ** 雪が多い　**エ** 気温が低い　(　　　)

(4) 沖縄(おきなわ)や奄美群島(あまみぐんとう)の人々によって受け継(つ)がれてきた独自の文化を，旧王国の名前を用いて何といいますか。

(　　　　　　文化)

(5) 次の年中行事を１月から順に並べたときに，３番目に行われるのはどれですか。

[節分(せつぶん)　ひな祭り　七夕(たなばた)　七五三　初もうで]　(　　　　　　)

4 トラブルの解決方法を示した右の図を見て，次の問いに答えなさい。 5点×5(25点)

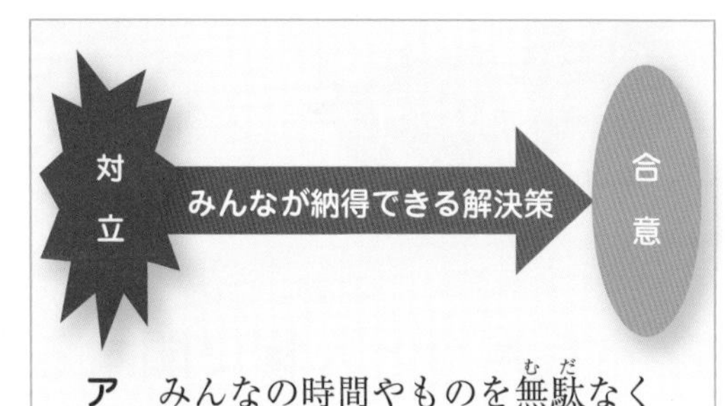

ア みんなの時間やものを無駄(むだ)なく使うようになっているか。

イ みんなが参加して決定するようになっているか。

ウ 機会が不当に制限されたり，結果が不当なものになったりしていないか。

(1) ある学校のバスケットボールのゴールは，修理のため，次の週まで１つしか使えません。男女のクラブで，このゴールの使い方を決めようとしています。次の①～③は，どのような点で問題がありますか。右の**ア**～**ウ**から，関係が深いものを選びなさい。

① 大会で好成績を残している男子のクラブだけでゴールの使い方を決めた。

② 女子のクラブは男子より人数が多いが，全体の時間の４分の１しか使えなかった。

③ トレーニングをしていて，男女ともゴールを使わない時間帯があった。

①(　　　) ②(　　　) ③(　　　)

(2) **図**中の**ア**に最も関係が深い考え方を，次から選びなさい。

[平等　自由　効率(こうりつ)　共生]　(　　　　　　)

(3) **図**中の**イ**，**ウ**に最も関係が深い考え方を，次から選びなさい。

[公正　自主　自律　一律]　(　　　　　　)

4 人権思想の発達

人権とは，人が生まれながらに持っている権利のことです。人権は，人々の長年にわたる努力の結果，保障(ほしょう)されるようになったものです。

フランス人権宣言

1 人権思想の成立と広がり

人権思想

イギリスのロック，フランスのモンテスキューとルソーの思想は，市民革命(かくめい)や各国の憲(けん)法に大きな影響(えいきょう)を与えました。

ワイマール憲法(けんぽう)

1919年にドイツで制定された憲法。世界で最初に「人間に値する生存(せいぞん)」(生存権)などの社会権を保障した憲法です。

大日本帝国(ていこく)憲法

1889年に制定された，日本で最初に人権を保障した憲法。ただし，人権は「臣民(しんみん)の権利」として，法律(ほうりつ)で制限されました。

2 市民革命と人権に関する宣言　～自由権の保障～

イギリスの権利章典（1689年）	アメリカ独立宣言（1776年）	フランス人権宣言（1789年）
国王は，議会の承認がなければ，法律の停止や新しい課税をすることができない。	人間はみな平等につくられており，生命・自由・幸福追求の権利をもつ。	人は生まれながらに自由で平等な権利をもつ。主権は国民にある。

権利章典(けんりしょうてん)は，名誉革命(めいよかくめい)の翌年に，イギリスの議会が新しい国王に認めさせたもの。

アメリカ独立宣言(どくりつせんげん)は，独立戦争中に，フランス人権宣言(じんけんせんげん)はフランス革命が始まった年に発表されました。

公民のひとこと　アメリカ合衆国大統領リンカンの言葉

人民の，人民による，人民のための政治。

覚えたい3つのことば

人権宣言　ワイマール憲法　社会権

➡答えは別冊 p.3

1 次の□にあてはまる語句をあとから選びなさい。

(1) 「社会契約論（けいやくろん）」で人民主権を主張したルソーの思想は，□だけでなく日本の自由民権運動にも大きな影響を与えました。

(2) 1919年にドイツで制定された□では，世界で初めて社会権が保障されました。

(3) 1889年に日本で制定された大日本帝国憲法では，人権は□として規定されました。

［ 名誉革命　フランス革命　権利章典　ワイマール憲法　永久の権利　臣民の権利 ］

2 人権獲得の歴史について，次の図を見て，あとの問いに答えなさい。

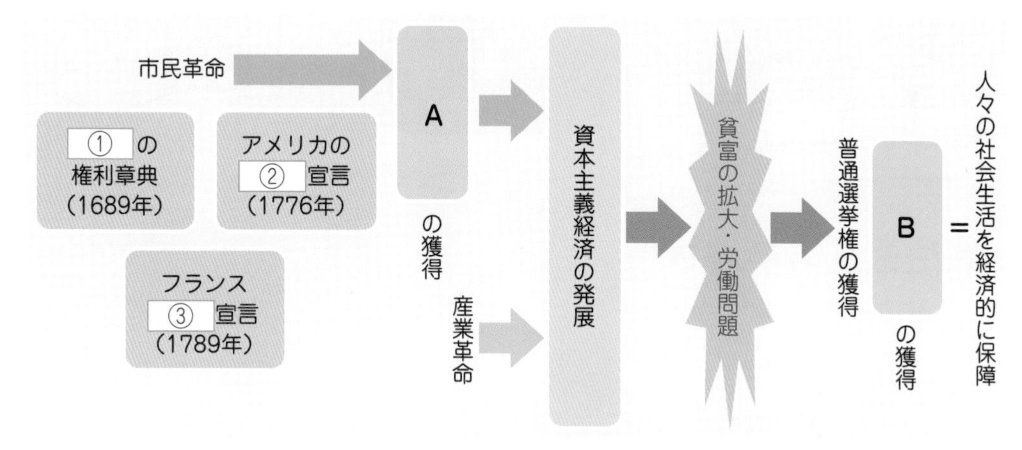

(1) 図中の①～③にあてはまる国名や語句をそれぞれ答えなさい。

①□　②□　③□

(2) 図中の□A，Bにあてはまる語句を，次からそれぞれ選びなさい。

A□
B□

［ 環境権（かんきょう）　社会権　自由権 ］

5 日本国憲法の原則

日本国憲法の三つの基本原理は，国民主権，平和主義，基本的人権の尊重です。憲法は国の最高法規です。憲法に反する法律や命令は効力を持ちません。

国民と日本国憲法公布を祝う天皇

1 日本国憲法と国民主権

日本国憲法

GHQの指導で制定された日本国憲法は，1946年11月３日に公布，1947年５月３日に施行されました。５月３日は，憲法記念日になっています。

国民主権

国の政治の最終的な決定権は国民が持ち，政治は国民の意思にもとづいて行われるという原理を示す言葉です。

象徴天皇

憲法第１条で，天皇の地位は日本国と日本国民統合の象徴とされています。政治についての決定権を持たず，憲法に定める国事行為を行います。

2 憲法改正の手続き

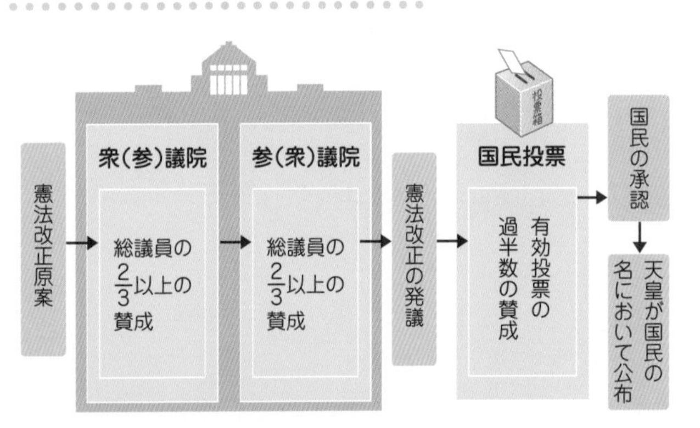

憲法改正の手続きは，憲法第96条をもとに，国民投票法(2007年に成立，2010年施行)によって定められています。投票権は，選挙権と同様，満18歳以上の国民が持っています。

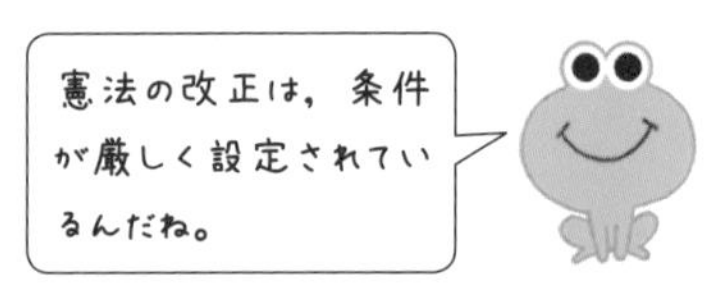

公民のひとこと　憲法改正を慎重に行うためのくふう

国会の議決を出席議員の過半数ではなく，総議員の$\frac{2}{3}$以上にしている。

覚えたい3つのことば

国民主権　　象徴天皇　　最高法規

➡答えは別冊 p.3

1 次の□にあてはまる語句をあとから選びなさい。

(1) 日本国憲法の第１条では，天皇は日本国と日本国民統合の□とされています。

(2) 天皇は，国会が議決した法律の公布など，憲法に定める□を，内閣（ないかく）の助言と承認のもとに行います。

(3) 憲法は国の□ですから，憲法に反する法律や命令は効力を持ちません。

[　主権者　　政治　　象徴　　国事行為　　規則　　最高法規　]

2 日本国憲法の三つの基本原理について，次の図を見て，あとの問いに答えなさい。

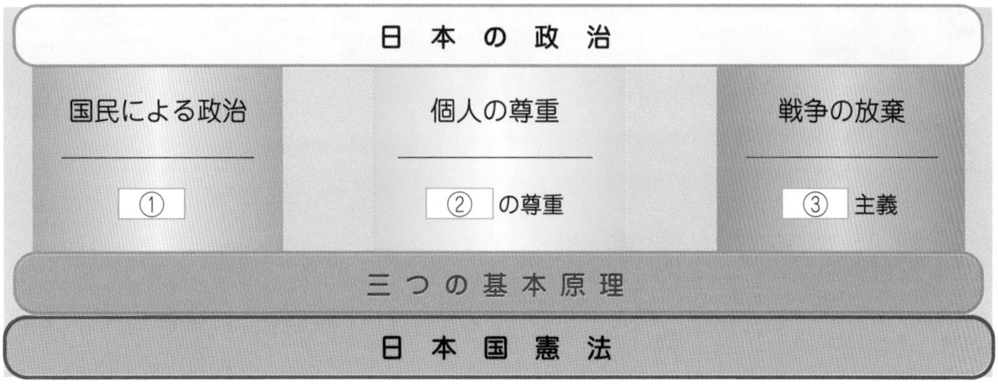

日本の政治		
国民による政治	個人の尊重	戦争の放棄
①	②の尊重	③主義
三つの基本原理		
日本国憲法		

(1) 図中の①～③にあてはまる語句をそれぞれ答えなさい。

①□　②□　③□

(2) 憲法改正の発議に必要な賛成の数は，各議院の総議員のどれだけですか。次から選びなさい。

[　３分の１以上　　過半数　　３分の２以上　]　□

6 日本の平和主義

平和主義は，日本国憲法の三つの基本原理の一つで，日本国憲法の**前文**と**第9条**に明記されています。日本は防衛のために，**自衛隊**を持ち，アメリカと**日米安全保障条約**を結んでいます。

長崎の平和祈念像

1 日本の平和主義と安全保障

憲法第9条

憲法第9条では，戦争を放棄すること，戦力を保持しないこと，交戦権を認めないことが規定されています。

自衛隊

日本を防衛するためにつくられた組織。災害派遣や国連平和維持活動(PKO)への参加のような国際貢献などの任務もあります。

大丈夫ですか!

非核三原則

核兵器を「持たず，つくらず，持ちこませず」という原則です。1971年に国会で決議されましたが，法律や条約ではありません。

2 沖縄とアメリカ軍基地

沖縄の基地の一部を移転する計画は，大幅に遅れています。

1972年に日本に復帰するまで，沖縄はアメリカの統治下に置かれていました。復帰後もアメリカ軍基地が残り続けているのは，日米安全保障条約で，日本の領域内にアメリカ軍が駐留することを認めているためです。

公民のひとこと 自衛隊は，憲法第9条に違反しない？

日本政府は，自衛隊は憲法第9条の「戦力」にはあたらないという見解をとっている。

覚えたい3つのことば

戦争放棄　日米安全保障条約　非核三原則

➡答えは別冊 p.4

1 次の□にあてはまる語句をあとから選びなさい。

(1) 日本国憲法の前文と第［　　］条で，平和主義が規定されています。

(2) 現在の日本を防衛するための組織は，1954年に発足した［　　］です。国際貢献や災害派遣などの任務も果たしています。

(3) 日本は，核兵器を「持たず，つくらず，持ちこませず」という［　　］三原則を国会で決議しています。

[　1　3　9　警察予備隊（けいさつよびたい）　自衛隊　平和　軍縮　非核　]

2 次の各文は，日本国憲法のある条文を示しています。あとの問いに答えなさい。

○日本国民は，正義と秩序（ちつじょ）を基調とする国際平和を誠実に希求（ききゅう）し，国権の発動たる戦争と，武力による威嚇（いかく）又は武力の行使は，国際紛争（ふんそう）を解決する手段としては，永久にこれを［①］する。

○前項の目的を達するため，陸海空軍その他の［②］は，これを保持しない。国の［③］権は，これを認めない。

(1) 文中の①～③にあてはまる語句を，あとからそれぞれ選びなさい。

①［　　］　②［　　］　③［　　］

[　戦力　実力　保障　自衛　交戦　放棄　]

(2) 日本が防衛のためにアメリカと結んでいる条約を何といいますか。［　　］

(3) 日本にあるアメリカ軍基地の面積のうち，約７割が集中しているのは何県ですか。［　　］県

基本的人権と平等権

人権は，子どもにも保障されるものです。人権の保障は，社会の中で弱い立場の人々，差別されている人々にとって，特に大切なものです。

吾々は，心から人生の熱と光を願求礼讃するものである。
水平社はかくして生まれた。
人の世に熱あれ，人間に光あれ。

水平社宣言（1922年）
差別からの解放をめざした。

1 個人の尊重と等しく生きるための権利

基本的人権

基本的人権は，だれもが生まれながらに持つ，自由に人間らしく生きていくための権利。日本国憲法の３つの基本原理の１つ。

平等権

だれもが平等なあつかいを受ける権利。個人の尊重は，憲法第14条の「法の下の平等」とも結びついています。

さまざまな差別

女性や障がい者，被差別部落の出身者，アイヌの人々，在日韓国・朝鮮人の人々などへの差別は，平等権に反し，個人の尊重の原理をおかします。

2 女性が男性と対等に参加し活動できる社会をめざして

男女雇用機会均等法の改正によって，求人などの条件に性別をのせることができなくなりました。

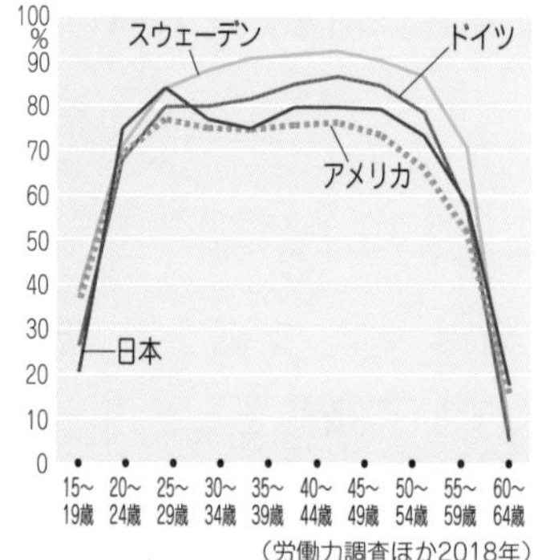

◀女性の働いている割合

仕事の上で，女性は男性と比べ，採用や昇給，昇進などで不利にあつかわれがちです。こうした女性差別をなくすために，1985年に男女雇用機会均等法（2007年改正施行）が，1999年には男女共同参画社会基本法が制定されました。

公民のひとこと　女性の解放をうたう宣言

元始，女性は実に太陽であつた。（平塚らいてうのことば）

覚えたい3つのことば

平等権　個人の尊重　法の下の平等

➡答えは別冊 p.4

1 次の［　　］にあてはまる語句をあとから選びなさい。

(1) 男性と女性が対等な立場であらゆる社会活動に参加し，利益と責任を分かち合う社会の実現をめざして制定された法律（ほうりつ）が，男女［　　　　］基本法です。

(2) 1985年に制定され，その後の改正で募集（ぼしゅう）・採用や配置・昇進における男女差を禁止した法律が，男女［　　　　］均等法です。

(3) 障がいのある人や高齢者（こうれいしゃ）が，社会で安全・快適にくらせるよう，さまざまな障壁を取り除こうという考え方を，［　　　　］といいます。

［　雇用機会　共同参画社会　グローバル化　バリアフリー　］

2 基本的人権について，次の図を見て，あとの問いに答えなさい。

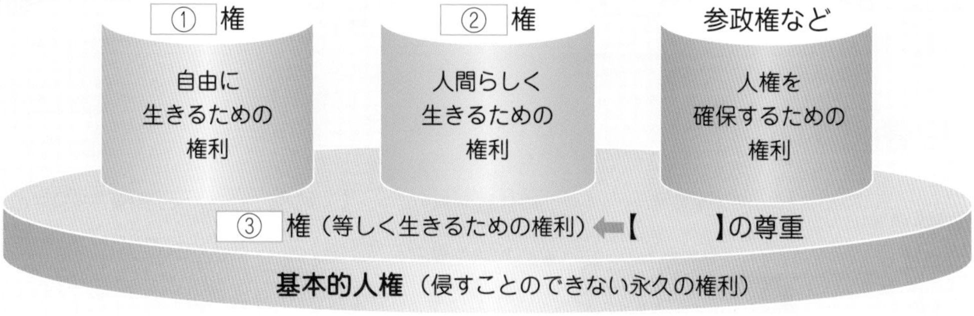

［①］権	［②］権	参政権など
自由に生きるための権利	人間らしく生きるための権利	人権を確保するための権利

［③］権（等しく生きるための権利）⇐【　　　】の尊重

基本的人権（侵すことのできない永久の権利）

(1) 図中の①～③にあてはまる語句をそれぞれ答えなさい。

①［　　　　］　②［　　　　］　③［　　　　］

(2) 図中の【　　】には，日本国憲法第13条の「すべて国民は，【　　】として尊重される。」と共通の語句があてはまります。この語句を答えなさい。［　　　　］

8 自由権・社会権

基本的人権②

国家による不当な命令や強制から個人の自由を保障（ほしょう）する権利が**自由権**。また，**社会権**とは，人間らしく生きるための生活の基礎（きそ）を保障する権利です。

デモ行進

1 日本国憲法が定める自由権と社会権

自由権

日本国憲法が定める自由権には，精神の自由，身体の自由，経済活動の自由があります。自由は「公共（こうきょう）の福祉（ふくし）」のために制限されることもあります。

社会権

日本国憲法に見る社会権には，生存権（せいぞんけん）の他，次の３つがあります。
「教育を受ける権利」「勤労（きんろう）の権利」「労働基本権」

生存権

生存権は，社会権のうちで基本となるものです。憲法（けんぽう）第25条では，「健康で文化的な最低限度の生活を営む権利」と示されています。

2 労働者の権利

団結権，団体交渉権，団体行動権（争（そう）議（ぎ）権）を，あわせて労働基本権（労働三権）といいます。

団結権で認められている労働組合は，労働条件の維持（いじ）・改善のために組織されるものですが，その組織率は年々低下しています。

公民のひとこと　経済活動の自由の内容に注意

職業選択の自由や財産権は，経済活動の自由。

覚えたい3つのことば

生存権　労働基本権　団結権

➡答えは別冊 p.4

1 次の[　　]にあてはまる語句をあとから選びなさい。

(1) 自由権のうち，正当な理由なく身体を拘束(こうそく)されない権利を[　　　　]の自由といいます。

(2) 自由に自分の意見を発表する権利は，[　　　　]の自由の1つです。

(3) 自由に職業を選ぶ権利，自分の財産を持つ権利は[　　　　]の自由にあたります。

[　精神　信教　学問　身体　政治活動　経済活動　]

2 次の各文は，日本国憲法のある条文を示しています。あとの問いに答えなさい。

○すべて国民は，健康で文化的な[①]の生活を営む権利を有する。………… A

○勤労者の[②]する権利及び団体交渉その他の団体行動をする権利は，これを保障する。…………………………………………………………… B

○すべて国民は，法律の定めるところにより，その能力に応じて，ひとしく[③]を受ける権利を有する。

(1) 文中の①～③にあてはまる語句を，あとからそれぞれ選びなさい。

①[　　　　]　②[　　　　]　③[　　　　]

[　団結　労働　自由　教育　最低限度　表現　]

(2) 社会権のうち，Aの権利を何といいますか。[　　　　]

(3) Bについて，これら3つの権利を，あわせて何といいますか。[　　　　]

9 人権をたしかなものにするために

基本的人権③

人権をたしかに保障するための権利として，選挙権や請願権などの参政権，裁判を受ける権利や請求権などがあります。

選挙での街頭演説

1 日本国憲法が定める人権を守る権利と国民の義務

参政権

国民が自分の意思を政治に反映させるため，政治に参加する権利です。選挙権，被選挙権，国民審査権，憲法改正の国民投票権などがあります。

請願権

国や地方公共団体などの行政機関に希望，苦情，要請を申し出る権利のことです。

国民の三大義務

日本国憲法では，国民の義務として，普通教育を受けさせる義務，勤労の義務，納税の義務を定めています。教育と勤労は義務と同時に権利です。

2 公共の福祉によって人権が制限される場合

人権	制限	法律
表現の自由	他人の名誉を傷つける行為の禁止	刑法
職業選択の自由	無資格者の営業禁止	医師法など
労働基本権	公務員のストライキ禁止	国家公務員法 地方公務員法
財産権の保障	不備な建築の禁止	建築基準法

私たちの社会生活では，自分の権利を追求するあまり，他人の人権を侵害することがあってはなりません。公共の福祉とは，個人の利益と社会全体の利益を調整する考え方です。どのような「人権の制限」が，どうして認められるのか，左の資料を見て，考えてみましょう。

公民のひとこと 請願権と請求権のちがい

請求権は，国家による人権侵害に対する補償を求める権利。

覚えたい3つのことば

参政権　国民の三大義務　公共の福祉

➡答えは別冊 p.4

1 次の□にあてはまる語句をあとから選びなさい。

(1) 国民が直接に投票で決定する権利の一つに，憲法改正の［　　　］権があります。

(2) 国などの行政に要望を伝える権利を［　　　］権といいます。

(3) 国民の三大義務とは，普通教育を受けさせる義務，［　　　］の義務，納税の義務をいいます。

［　国民審査　国民投票　勤労　選挙　請願　請求　］

2 人権を守るための権利について，次の図を見て，あとの問いに答えなさい。

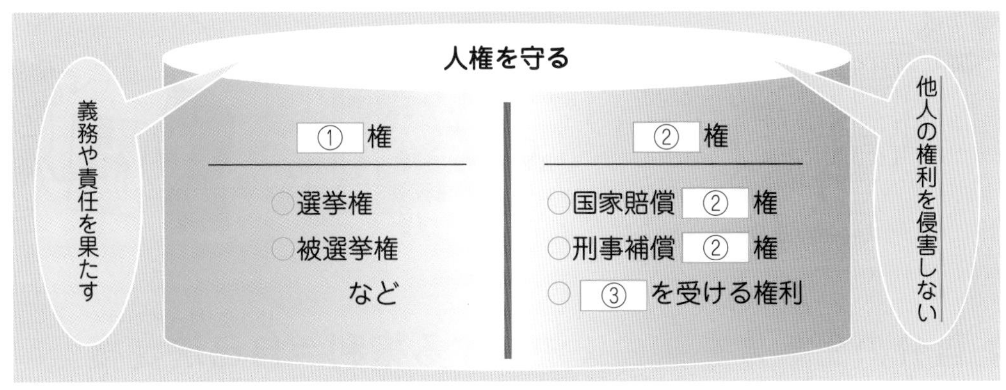

(1) 図中の①～③にあてはまる語句をそれぞれ答えなさい。

①［　　　］　②［　　　］　③［　　　］

(2) 図中の傍線部について，次の文のａ，ｂにあてはまる語句をそれぞれ答えなさい。

私たちには，表現の【　a　】が保障されていますが，他人の名誉やプライバシーを侵害することは許されません。個人の利益と他人や社会全体の利益を調整するために，日本国憲法では，「【　b　】の福祉」による人権の制約を認めています。

a［　　　］　b［　　　］

10 新しい人権

社会の変化とともに，日本国憲法では規定されていない，**環境権**や**知る権利**などの新しい権利が主張されるようになりました。

日照権に配慮したビル

1 新しく認められるようになった人権

環境権

健康で良好な環境を求める権利です。開発にあたっては，事前に調査をする環境アセスメントが義務づけられています。

知る権利

個人がさまざまな情報を受け取る権利です。2001年施行の情報公開法に基づき，国や地方では，情報公開制度が設けられています。

プライバシーの権利

個人の私生活の情報をみだりに公開されない権利です。一方で表現の自由も認められているため，両者の間に対立が生じることもあります。

2 自分の生き方を自由に決定する権利＝自己決定権

臓器提供意思表示カード
厚生労働省・(社)日本臓器移植ネットワーク
このカードは常に携帯してください。
ドナー情報用全国共通連絡先　0120-22-0149
臓器移植に関するお問い合せ先：(社)日本臓器移植ネットワーク
フリーダイヤル 0120-78-1069 http://www.jotnw.or.jp

左の臓器提供意思表示カード（ドナーカード）は，自己決定権を尊重するためのものと考えることができます。また，病院で患者として治療を受けるとき，医師からその方法に関する十分な説明をうけての同意（インフォームド・コンセント）が大切だという考え方も，自己決定権の尊重にあたるものです。

公民のひとこと さまざまな環境権

たばこの分煙を求める権利も，環境権の１つ。

覚えたい3つのことば

知る権利　情報公開制度　自己決定権

➡答えは別冊 p.5

1　次の［　　］にあてはまる語句をあとから選びなさい。

(1)　他人に知られたくない個人の秘密をあばかれることは，［　　　　］の権利の侵害にあたると考えることができます。

(2)　高層の建築物が建つことで，家の日当たりが悪くなる場合は，［　　　　］権の侵害だと主張することができます。

(3)　死後，臓器(ぞうき)を提供する，しないを意思表示しておくことは，［　　　　］権の尊重につながります。

［　平等　　自由　　自己決定　　プライバシー　　日照　　生存　］

2　次の①～④は，新しい人権に関連した制度の説明です。あとの問いに答えなさい。

①個人情報保護制度にもとづき，個人の名前や住所，電話番号などの情報は慎重に管理するように義務づけられています。

②国民はさまざまな情報を入手することで，政治に対する自分なりの判断を下すことができます。新聞やテレビなどの報道の自由は，こうした情報を受け取る権利と結びついています。

③開発にあたって，事前に環境への影響(えいきょう)を調査することが義務づけられています。

④国が保有する情報は，人々の請求(せいきゅう)に応じて開示する制度が定められています。

(1)　①，②に関係が深い新しい権利をそれぞれ答えなさい。

①［　　　　］　②［　　　　］

(2)　③の下線部のことを何といいますか。［　　　　］

(3)　④の制度を定めた法律(ほうりつ)を何といいますか。［　　　　］

まとめのテスト

勉強した日	得点
月　日	／100点

➡答えは別冊 p.5

1 右の年表を見て，次の問いに答えなさい。

5点×6(30点)

年代	できごと
1689	A権利章典(↓Ⅰ)が制定される。
1776	アメリカで独立宣言が出される。
1789	フランスで［B］が出される。
1889	C大日本帝国憲法(↓Ⅱ)が発布される。
1919	Dワイマール憲法が制定される。

Ⅰ　［①］の同意なしに，［②］の権限によって法律とその効力を停止することは違法である。

Ⅱ　日本臣民ハ［③］ノ範囲内ニ於テ言論著作印行集会及結社ノ自由ヲ有ス

(1)　Aで規定されたⅠの内容の①，②にあてはまる語句を，次からそれぞれ選びなさい。

［　国王　　市民　　議会　］

①(　　　　)

②(　　　　)

(2)　Aが制定される前年には，名誉革命が起こりました。この革命を理論的に正当化した思想家の名前を答えなさい。(　　　　)

(3)　Bでは，基本的人権の尊重や国民主権が定められました。これを何といいますか。(　　　　)

(4)　Cでは，ある条件のもとでの自由が認められました。第29条の内容を示したⅡの③にあてはまる語句を漢字2字で答えなさい。(　　　　)

(5)　Dの憲法で初めて保障された，人間らしい生活を送る権利を何といいますか。(　　　　)

2 次の文を読んで，あとの問いに答えなさい。

5点×4(20点)

○日本国憲法は，a国民主権，基本的人権の尊重，［b］主義の三つを基本原則としています。

○日本国憲法では，天皇は日本国と日本国民統合の［c］となり，憲法に定められているd国事行為のみを行います。

(1)　下線部aに関して，右の絵はある人物が「人民の，人民による，人民のための政治」をうったえた演説の様子です。この人物はだれですか。

(　　　　)

(2)　文中のb，cにあてはまる語をそれぞれ答えなさい。

b(　　　　)　c(　　　　)

(3)　下線部dは，国のどの機関の助言と承認によって行われますか。

(　　　　)

3 基本的人権についてまとめた右の表を見て，次の問いに答えなさい。 5点×6(30点)

平等権	［①］の下の平等など
自由権	精神活動の自由，a 経済活動の自由など
社会権	生存権，［②］を受ける権利，労働基本権など
参政権	選挙権，被選挙権，b 国民審査，国民投票など

(1) 表中の①，②にあてはまる語を答えなさい。

①(　　　　　)　②(　　　　　)

(2) 表中の下線部 a にあてはまるものを，次から1つ選びなさい。(　　　)

ア 裁判所の令状なしに逮捕されることはない。

イ 集会や言論・出版などが自由にできる。

ウ 自由に職業を選ぶことができる。

エ 自由に信仰や思想を持つことができる。

(3) 表中の下線部 b の対象になるものを，次から1つ選びなさい。(　　　)

ア 国の予算　**イ** 違憲立法審査　**ウ** 憲法改正案　**エ** 最高裁判所の裁判官

(4) 次の文と最も関係が深い基本的人権を，表中の4つから選びなさい。

> 女性差別をなくすために，1985年に男女雇用機会均等法が，1999年には男女共同参画社会基本法が制定されました。

(　　　　　)

(5) 右のようなステッカーを掲示する目的として最も適切なものを，次から1つ選びなさい。(　　　)

ア バリアフリー化の推進　**イ** ボランティア活動への参加

ウ プライバシーの保護　**エ** オンブズマン制度の導入

4 次の問いに答えなさい。 5点×4(20点)

(1) 右のイラストは，国民の義務を表しています。Cさんが果たそうとしているのは，何という義務ですか。

(　　　　　)

Aさん

Bさん

Cさん

(2) 右のカードは，次のうちどのような権利を尊重するためのものですか。(　　　　　)

［ 知る権利　生存権　自己決定権　環境権 ］

(3) 医療に関して，治療を受ける患者にとって重要になっていることを，次から1つ選びなさい。(　　　)

ア 環境アセスメント　**イ** ノーマライゼーション

ウ インフォームド・コンセント　**エ** 情報公開制度

(4) 次の文の［　　］にあてはまる語句を5字で書きなさい。(　　　　　)

たとえば医師法などで無資格者の営業が禁止されているように，職業選択の自由などの権利は，［　　］によって制限されることがあります。

特集 重要語句を書こう

★なぞってから右のわくに書いてみよう。

しょうしこうれいか 少子高齢化	少子高齢化	現代の日本の人口問題。
じょうほうつうしんぎじゅつ 情報通信技術	情報通信技術	大量の情報を瞬時に送受する技術。
りゅうきゅうぶんか 琉球文化	琉球文化	沖縄や奄美群島の伝統文化。
こうりつ こうせい 効率と公正	効率と公正	対立から合意を引き出すための考え方。
けんりしょうてん 権利章典	権利章典	イギリスで名誉革命の翌年に出された。
きほんてきじんけん 基本的人権	基本的人権	人間が生まれながらに持つ権利。
しょうちょうてんのう 象徴天皇	象徴天皇	現代日本の天皇制のあり方。
せんそうほうき 戦争放棄	戦争放棄	戦力の保持や交戦権を否定。
ひかくさんげんそく 非核三原則	非核三原則	唯一の被爆国日本の核兵器への方針。
せいぞんけん 生存権	生存権	健康で文化的な最低限の生活を営む権利。
せいがんけん 請願権	請願権	人権を守るための権利の１つ。
かんきょうけん 環境権	環境権	よい環境での生活を求める権利。
じこけっていけん 自己決定権	自己決定権	自分の生き方や生活のしかたを決定する権利。

31ページの答え ①B ②B ③C

現代の民主政治

2

公民三択クイズ

①国会議員には何歳(さい)からなれる？

選挙権と被選挙権に注意。

A　18歳
B　25歳
C　30歳

②内閣総理大臣(ないかくそうりだいじん)を選ぶのはだれ？

A　国民
B　国会議員
C　天皇

国会で指名されるということは…。

③裁判員(さいばんいん)制度の裁判員は何人？

中央の３人は裁判官です。

A　3人
B　4人
C　6人

➡答えは30ページに

11 政治と民主主義

リンカン大統領

私の「人民の，人民による，人民のための政治」という言葉は，民主主義の理念を簡潔に示すものとして，時代や国境をこえて語りつがれています。

スイスの直接民主制の様子

1 民主主義の政治を行うために

議会制民主主義

国民が選挙で選んだ代表者が，議会で話し合って決める政治。国民が直接話し合う直接民主制に対していいます。

議会
選挙
国民

多数決

多数決は，多数をしめる意見で議論の決着をつける方法。1人の差でも，多数の意見に従わなければいけません。民主主義の基本的な原理の1つ。

賛成16
反対15
1票の差でも賛成が議決される

少数意見の尊重

多数決を行う上でも，議論を行って結論を出す前に，少数意見もきちんと聞いて，尊重することが大切です。

A案に賛成
反対!
まって!こういう考え方もあるよ
彼の案を取り入れたらもっといい案になるかも

2 直接民主制と間接民主制

直接民主制
オレにもしゃべらせろ!
質問!
こっちが先だ!
議案に質問のある方は?
何千人、何万人もいると議論が大変!

議論は私達の選んだ代表にまかせます
投票箱
間接民主制
スッキリ!
では採決に移ります!

直接民主制とは，国民や住民が直接政治にかかわるしくみです。

多くの国では，人々がみんな集まって議論することが難しいため，国民が代表者を選び，その代表者を通して決定する，間接民主制(議会制民主主義)の方法をとっています。

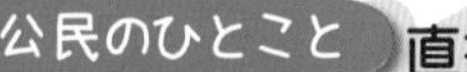
公民のひとこと

直接民主制の起源

直接民主制は古代ギリシャの都市国家(ポリス)で誕生。

覚えたい3つのことば

議会制民主主義　直接民主制　多数決

➡答えは別冊 p.6

1 次の□にあてはまる語句をあとから選びなさい。

(1) 選挙で選ばれた代表者が，議会で話し合って行う政治を［　　　］民主制といいます。

(2) 日本国憲法の前文で，国民は「正当に選挙された［　　　］における代表者を通じて行動」することを示しています。

(3) 民主主義にもとづいた政治は，国民主権や基本的［　　　］の尊重などを原則として行われます。

[　法律　内閣　国会　人権　個人　直接　間接　]

2 次の各文は，民主主義の原理や課題を述べたものです。あとの問いに答えなさい。

① 人民の，人民(　　　)，人民のための政治(リンカンの言葉)

② 話し合っても意見が一致しない場合は，(　A　)決の原理に従って決めることになりますが，(　B　)意見をできるだけ尊重することが大切です。

③ 国民の数や国の広さなどから考えて，多くの人々が同じ場所に集まって話し合うことは困難です。これが，(　　　)制による政治の問題点です。

(1) ①の(　　　)にあてはまる語句を答えなさい。［　　　］

(2) ②のAとBにあてはまる，互いに反対の意味になる語句をそれぞれ答えなさい。

A［　　　］　B［　　　］

(3) ③の(　　　)にあてはまる，主権者である国民が代表によらず，直接行う政治のしくみを示す語句を答えなさい。［　　　］

12 選挙のしくみと課題

民主政治のしくみ②

投票によって国会議員や地方公共団体の首長，議員など，国民や住民の代表者を決める**選挙**は，人々が**政治に参加**する重要な機会なのです。

選挙の様子

1 選挙の４つの原則と選挙制度

選挙の基本原則

日本では，普通選挙（18歳以上全員），平等選挙（１人１票），直接選挙，秘密選挙（無記名で投票）という４つの原則で選挙が行われています。

小選挙区制

１つの選挙区で１人の代表を選ぶ制度です。当選者以外の票は死票となります。２人以上を選ぶのは，大選挙区制です。

比例代表制

得票に応じて各政党へ議席を配分するしくみです。衆議院議員選挙は，小選挙区比例代表並立制がとられています。

2 一票の格差の問題

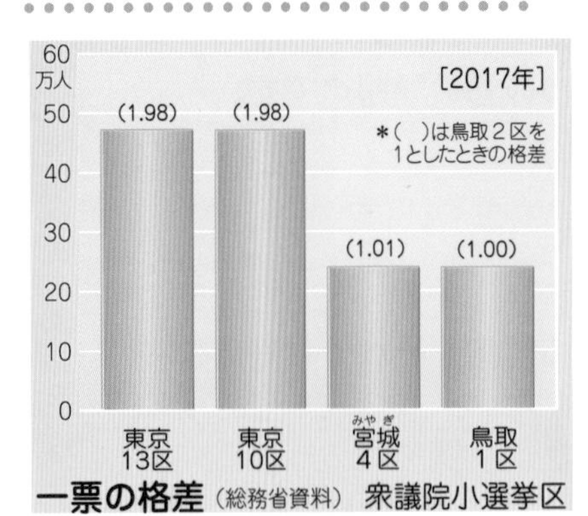

一票の格差（総務省資料）衆議院小選挙区

左のグラフは，衆議院**小選挙区**の議員１人あたりの有権者数を示しており，上の数字は，鳥取１区を１としたときの格差を表します。

一票の重みが大きく異なることは，憲法第14条に規定された「**法の下の平等**」に反するという主張もあります。

この問題を，「**一票の格差**」といいます。

公民のひとこと 選挙権・被選挙権が与えられる最低年齢の国際比較

日本は18歳（選挙権）・25歳（被選挙権）ですが，ドイツはともに18歳。

覚えたい3つのことば

小選挙区制　比例代表制　一票の格差

➡答えは別冊 p.6

1 **次の［　］にあてはまる語句をあとから選びなさい。**

(1) 1人が1票の投票権をもつ選挙を，［　　　　］選挙といいます。

(2) 一定の年齢に達したすべての国民に選挙権が保障(ほしょう)される［　　　　］選挙は，重要な選挙の原則の一つです。

(3) 議員1人あたりの有権者数の違いは，一票の［　　　　］とよばれ，一票の価値が異なることが問題になっています。

［　差別　平等　格差　制限　普通　秘密　直接　］

2 **次の図は，おもな選挙制度を図示したものです。あとの問いに答えなさい。**

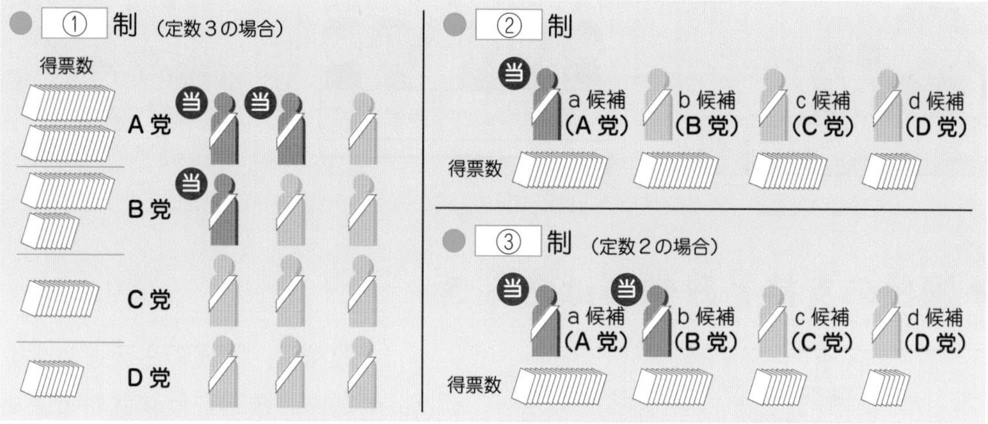

(1) ①〜③にあてはまる選挙制度を，あとから選びなさい。

①［　　　　］　②［　　　　］　③［　　　　］

［　小選挙区　大選挙区　比例代表　間接選挙　］

(2) ②の選挙制度に比べ，①の選挙制度の方が有利な政党を，次から選びなさい。

［　大きな政党　小さな政党　］　［　　　　］

13 政党のはたらき

民主政治のしくみ③

私は日本で初めて，本格的な**政党政治**を行いました。**政党**とは，政治の理念や政策について，同じ考えを持つ人々によって構成される団体です。

マニフェスト

1 政党がめざすもの

政党政治

議会で多数の議席を得た政党が内閣を組織して，政権をになう政治を政党政治といいます。議員の多くは政党を中心に活動します。

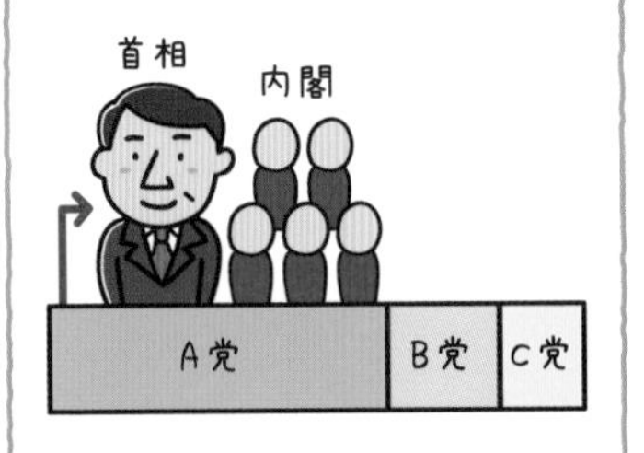

与党と野党

内閣を組織して政権を担当する政党を与党，それ以外の政党を野党といいます。複数の政党が与党を形成する場合は，連立政権とよばれます。

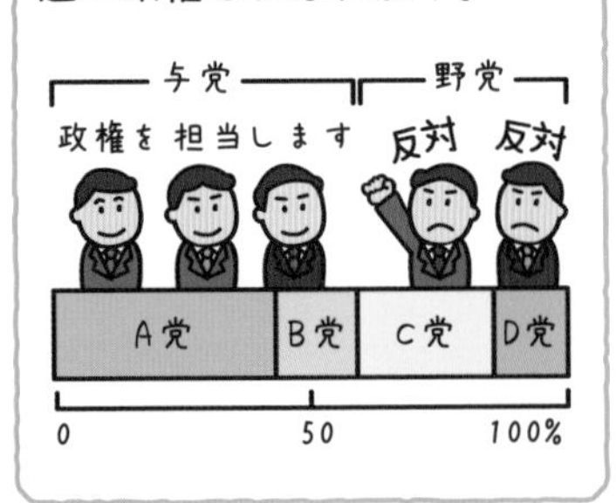

政権公約（マニフェスト）

政党や候補者が，選挙にあたって公表するもので，政権を獲得した場合に実行する内容を，期日や数値目標を明らかにして示すものです。

○○費を削減してその分減税を
エネルギーは～を～％に
○×党
少子化対策として～を
景気をよくするために～を0％…
マニフェスト

2 国民の支持と政党のはたらき

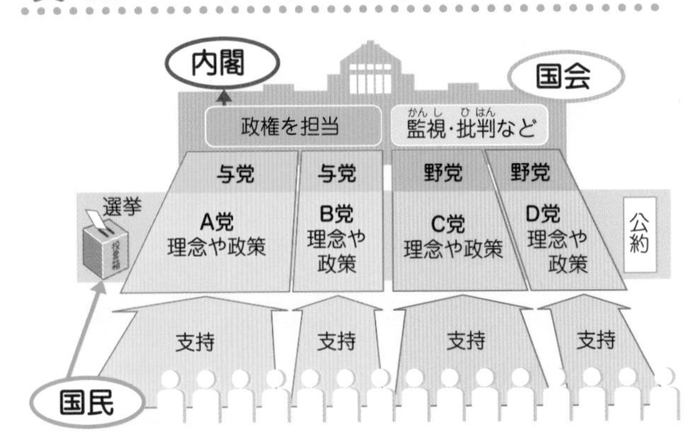

政党は，国民のさまざまな意見を国や地方の政治に反映させるはたらきをしています。政党は，政権をとって政策を実現するために，選挙では多くの候補者を当選させようと努力します。

政治の動きや政策を国民に知らせるのも，政党のはたらきです。

公民のひとこと 二党制と多党制

2つの大きな政党が交代する二党制と，複数の政党が存在する多党制。

覚えたい3つのことば

与党　野党　連立政権

➡答えは別冊 p.6

1 次の［　　］にあてはまる語句をあとから選びなさい。

(1) 内閣を組織して政権をになう政党を［　　　　］といいます。

(2) 内閣が複数の政党によって組織される場合，この政権を［　　　　］といいます。

(3) 各政党や候補者などが選挙のときに公表する［　　　　］は，政権を担当してほしい政党を有権者が選ぶ参考になります。

［　国会　単独政権　連立政権　政権公約　与党　野党　］

2 次の図は，政党と国民の関係を示したものです。あとの問いに答えなさい。

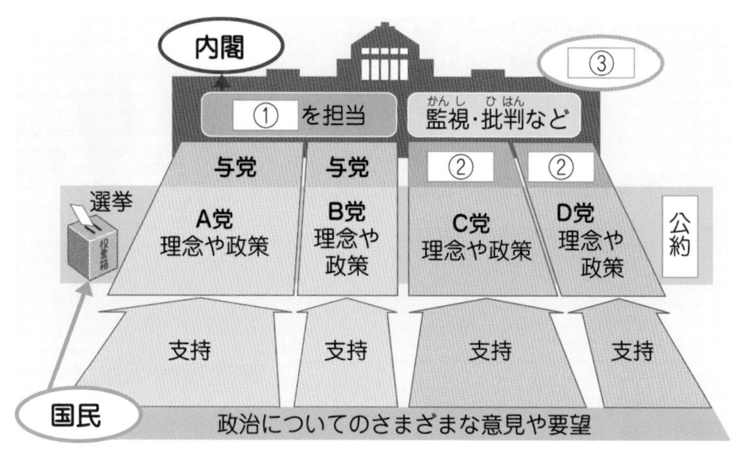

(1) ①〜③にあてはまる語句を，あとからそれぞれ選びなさい。

①［　　　　］　②［　　　　］　③［　　　　］

［　国会　裁判所　政権　野党　無所属　］

(2) アメリカ合衆国やイギリスのように，二大政党が議席のほとんどをしめ，選挙によって政権交代しながら，それぞれの党が政治をになうしくみを何といいますか。

［　　　　］

14 国会の地位としくみ

私は選挙で選ばれた国民の代表者です。国会(こっかい)では，国民の生活に関係する重要な問題を話し合い，決めています。

国会議事堂

1 国会のしくみと種類

国会の地位

国会は，主権者(しゅけんしゃ)である国民が直接選んだ代表者が構成する，国権(こっけん)の最高機関です。また，法律(ほうりつ)を作ることができる唯一(ゆいいつ)の立法(りっぽう)機関です。

二院制(にいんせい)

国会が衆議院(しゅうぎいん)と参議院(さんぎいん)の両院から構成されるしくみです。性格が異なる２つの議院で，より慎重(しんちょう)に議論を行います。

国会の種類

毎年１月に召集(しょうしゅう)され，予算審議(よさんしんぎ)を中心に行う常会(じょうかい)（通常国会）のほか，臨時会(りんじかい)（臨時国会）や特別会(とくべつかい)（特別国会）があります。

2 衆議院の優越(ゆうえつ)

- ●衆議院のみができる
  ➡内閣不信任の決議
- ●衆議院が必ず先に審議する
  ➡予算の先議
- ●衆議院の議決が国会の議決となる
  ➡予算の議決
  条約の承認
  内閣総理大臣の指名
  ⬅ 参議院が衆議院と異なった議決をし，両院協議会でも一致しないとき。
  衆議院の可決した議案を受け取った後，30日以内に（内閣総理大臣の指名は10日以内に）参議院が議決しないとき。
- ●衆議院の再可決で決まる
  ➡法律案の議決
  ⬅ 参議院が衆議院と異なった議決をし，衆議院が出席議員の３分の２以上の多数で再可決したとき

衆議院と参議院とで議決が異なったときは，左図のように多くの場合で衆議院の優越が認められています。衆議院には解散があり，国民とより強く結びついていると考えられるからです。

公民のひとこと 衆議院と参議院の被選挙権のちがいは？

衆議院議員は25歳以上，参議院議員は30歳以上。

おそれいりますが，切手をおはりください。

1620814

東京都新宿区新小川町４－１
（株）文理

「わからないをわかるにかえる」
アンケート 係

ご住所	〒 都道府県　　市区郡 電話　－　－		
お名前	フリガナ	男・女	学年 年
お買上げ日	年　月	学習塾に □通っている □通っていない	

＊ご住所は町名・番地までお書きください。

はがきで送られる方はここを切り取ってください。

「わからないをわかるにかえる」をお買い上げいただき，ありがとうございました。今後のよりよい本づくりのため，裏にありますアンケートにお答えください。

アンケートにご協力くださった方の中から，抽選で（年２回），**図書カード 1000 円分**をさしあげます。（当選者は，ご住所の都道府県名とお名前を文理ホームページ上で発表させていただきます。）なお，このアンケートで得た情報は，ほかのことには使用いたしません。

《はがきで送られる方》

① 左のはがきの下のらんに，お名前など必要事項をお書きください。
② 裏にあるアンケートの回答を，右にある回答記入らんにお書きください。
③ 点線にそってはがきを切り離し，お手数ですが，左上に切手をはって，ポストに投函してください。

《インターネットで送られる方》

① 文理のホームページにアクセスしてください。アドレスは，

https://portal.bunri.jp

② 右上のメニューから「おすすめ CONTENTS」の「わからないをわかるにかえる」を選び，クリックすると読者アンケートのページが表示されます。回答を記入して送信してください。上の QR コードからもアクセスできます。

●次のアンケートにお答えください。回答は右のらんのあてはまる□をぬってください。

[1] 今回お買い上げになった教科は何ですか。
① 国語　② 社会　③ 数学　④ 理科　⑤ 英語

[2] この本をお選びになったのはどなたですか。
① 自分(中学生)　② ご両親　③ その他

[3] この本を選ばれた決め手は何ですか。(複数可)
① 内容・レベルがちょうどよいので。
② 説明がわかりやすいので。
③ カラーで見やすく，わかりやすいので。
④ イラストが楽しく，わかりやすいので。
⑤ 以前に使用してよかったので。
⑥ 付録がついているので。
⑦ 高校受験に備えて。
⑧ その他

[4] どのような使い方をされていますか。(複数可)
① おもに授業の予習・復習に使用。
② おもにテスト対策に使用。
③ おもに前学年の復習に使用。
④ その他

[5] 内容はいかがでしたか。
① わかりやすい。　② ややわかりにくい。
③ わかりにくい。　④ その他

[6] 問題の量はいかがでしたか。
① ちょうどよい。　② 多い。　③ 少ない。

[7] 問題のレベルはいかがでしたか。
① ちょうどよい。　② 難しい。　③ やさしい。

[8] ページ数はいかがでしたか。
① ちょうどよい。　② 多い。　③ 少ない。

[9] 表紙デザインはいかがでしたか。
① なかなかよい。　② ふつう。
③ あまりよくない。

[10] カラーの誌面デザインはいかがでしたか。
① なかなかよい。　② ふつう。
③ あまりよくない。

[11] 英語の音声付録(CD／ネット配信)はいかがでしたか。
① 役に立つ。　② あまり役に立たない。
③ まだ使用していない。

[12] 付録のカードやミニブックはいかがでしたか。
① 役に立つ。　② あまり役に立たない。
③ まだ使用していない。

[13] 文理の問題集で，使用したことがあるものがあれば教えてください。
① 小学教科書ワーク　② 中学教科書ワーク
③ 教科書ドリル　④ 中間・期末の攻略本
⑤ 完全攻略　⑥ その他

[14]「わからないをわかるにかえる」について，ご感想やご意見・ご要望等がございましたら教えてください。

[15] この本のほかに，お使いになっている参考書や問題集がございましたら，教えてください。また，どんな点がよかったかも教えてください。

ご住所	〒　都道府県　市区郡　電話　－　－		
お名前	フリガナ	男・女	学年　年
お買上げ月	年　月	学習塾に	□通っている　□通っていない

＊ご住所は，町名，番地までお書きください。

[1] □①　□②　□③　□④　□⑤
[2] □①　□②　□③(　)
[3] □①　□②　□③　□④　□⑤　□⑥　□⑦　□⑧(　)
[4] □①　□②　□③　□④(　)
[5] □①　□②　□③　□④(　)
[6] □①　□②　□③
[7] □①　□②　□③
[8] □①　□②　□③
[9] □①　□②　□③
[10] □①　□②　□③
[11] □①　□②　□③
[12] □①　□②　□③
[13] □①　□②　□③　□④　□⑤　□⑥(　)
[14]
[15]

ご協力ありがとうございました。わからないをわかるにかえる＊

覚えたい3つのことば

二院制　衆議院の優越　両院協議会

➡答えは別冊 p.6

1 次の□にあてはまる語句をあとから選びなさい。

(1) 国会は国権の□機関であり，国の唯一の立法機関です。

(2) 国会が衆議院と参議院から構成されるしくみを□といいます。

(3) 毎年１月に召集され，予算審議を中心に行う国会が□です。

(4) 衆議院と参議院とで議決が異なった場合，□が行われることがあります。

[　常会　特別会　両院協議会　専門　最高　二院制　立憲制　]

2 次の表は，衆議院と参議院を比較したものです。あとの問いに答えなさい。

衆議院		参議院
465人	議員数	245人
(　①　)年 ＊□あり	任　期	(　②　)年 ＊(　③　)年ごとに半数改選
(　A　)歳以上	被選挙権	(　B　)歳以上
小選挙区　289人 比例代表　176人	選挙区	選挙区　147人 比例代表　98人

※法改正により，2022年に参議院の議員数は248人に増える予定です。選挙区が148人，比例代表が100人になります。

(1) ①～③にあてはまる数字をそれぞれ答えなさい。

①□　②□　③□

(2) AとBにあてはまる数字をそれぞれ答えなさい。

A□　B□

(3) □にあてはまる，衆議院だけにある制度を何といいますか。

□

15 国会の仕事

国会は衆議院と参議院の二院で構成されるので，議長も２人います。中学校の学級会での議長さんと同じように，議員全員の前で，議事を進めます。

衆議院本会議の様子

1 国会のはたらき

法律の制定

法律を制定する立法権は国会だけにあります。法律案は，国会議員・内閣の両方が提出します。

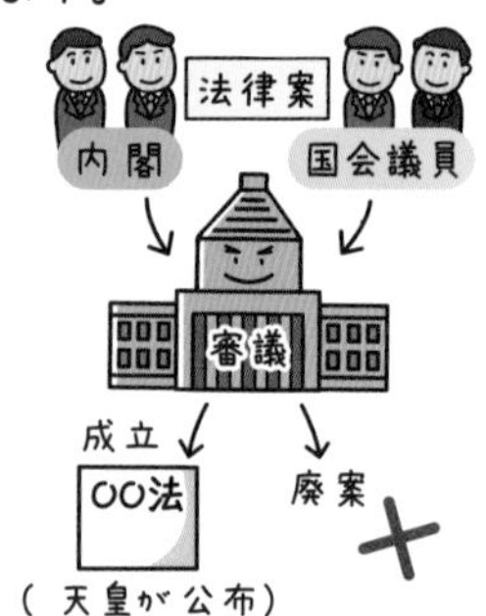

予算の審議

国会は，国の予算を審議して，議決します。予算配分をどうするかが，審議の焦点になります。

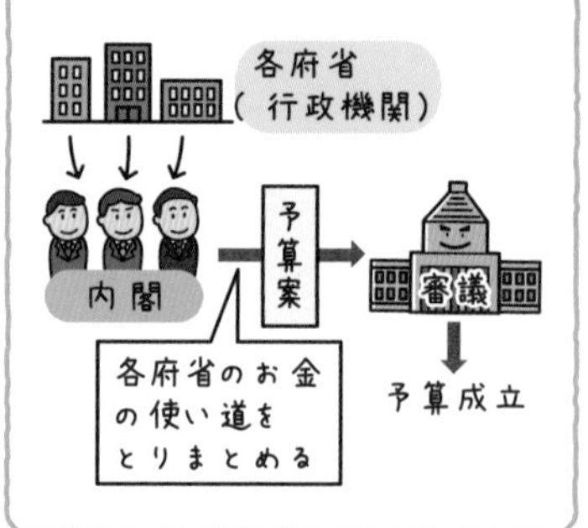

内閣総理大臣の指名

内閣総理大臣は，国会議員の中から，国会の議決によって指名されます。

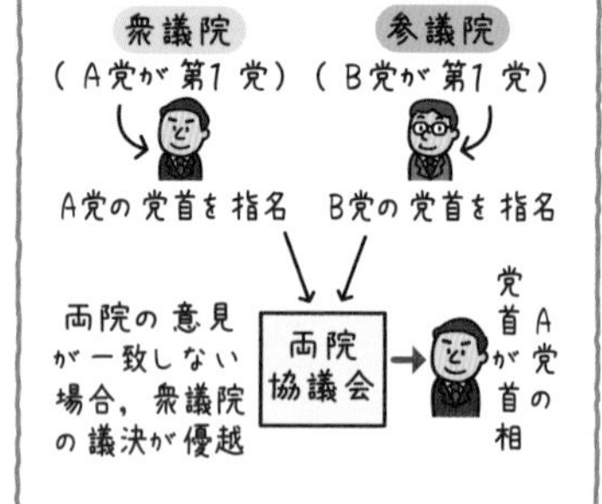

2 法律が成立するまで

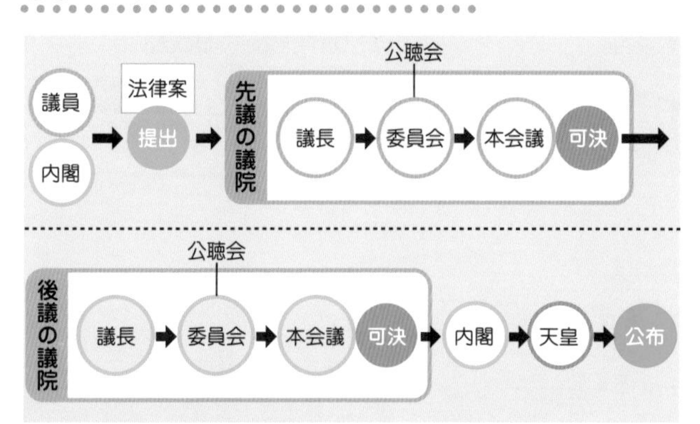

本会議は，両院それぞれすべての議員で構成されます。本会議で採決が行われる前に，限られた議員が参加する委員会で慎重に話し合われるのが一般的です。予算案や重要法案については，有識者の意見を聴くための公聴会も開かれます。

公民のひとこと 少ない議員立法

2018年に成立した102件の法律中，国会議員が提案したのは29件。

覚えたい3つのことば

本会議　委員会　公聴会

➡答えは別冊 p.7

1 次の□にあてはまる語句をあとから選びなさい。

(1) 国会は，国で唯一(ゆいいつ)，□を制定する権限を持っている機関です。

(2) 通常国会では，次の年度の□を審議し，議決します。

(3) 国会は，内閣総理大臣を国会議員の中から選び，□します。

［　任命　指名　条例(じょうれい)　法律　条約　予算　］

2 次の図は，法律が成立するまでの例を示しています。あとの問いに答えなさい。

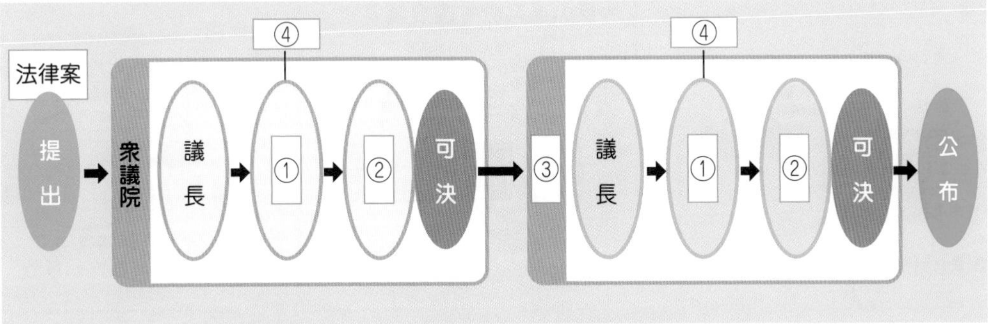

(1) ①～③にあてはまる語句を，あとからそれぞれ選びなさい。

①□　②□　③□

［　理事会　委員会　両院協議会　参議院　小会議　本会議　］

(2) ④は，①で法律案を審議するときに，有識者や利害関係のある人から意見を聴くために開かれることがある会を示しています。④にあてはまる会を何といいますか。

(3) 法律案を国会に提出することができるのは，国会議員と，どの機関ですか。

16 内閣のしくみ

内閣は，国会によって指名された私と，私が任命する国務大臣によって組織されます。内閣の方針は，閣議を開いて決定します。

閣議の様子

1 内閣と国会との関係

行政と内閣

行政とは，国会が定めた法律や予算にもとづいて，実際の政治を行うことです。日本では行政権を，内閣がもっています。

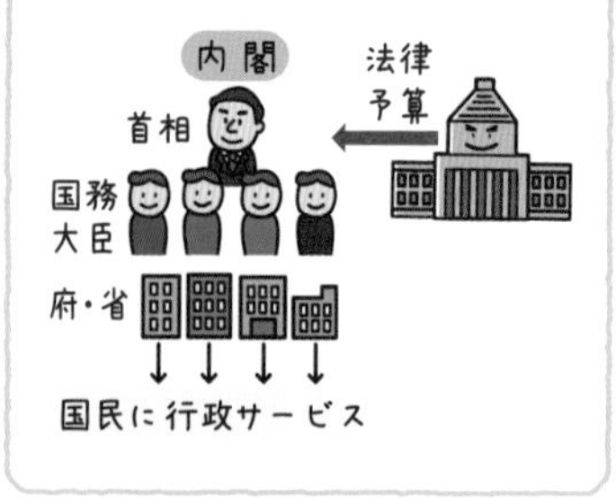

内閣総理大臣

内閣の長であり，行政の中心となり，首相ともよばれます。国会議員の中から国会の議決によって指名されます。国務大臣の過半数も国会議員です。

議院内閣制

内閣は，国会の信任にもとづいて成り立ち，国会に対して連帯して責任を負います。この制度を議院内閣制といいます。

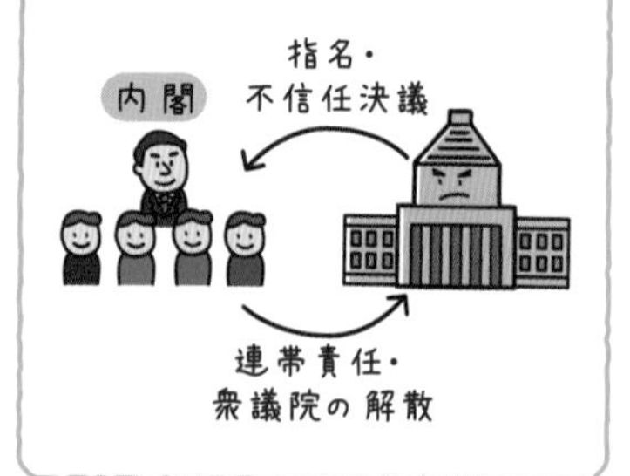

2 議院内閣制のしくみ

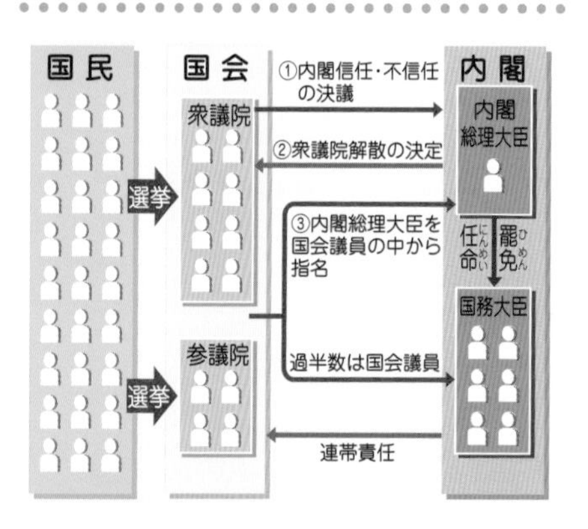

衆議院が内閣不信任の決議を行う（左図①）と，内閣は10日以内に衆議院を解散（②）するか，総辞職をしなければなりません。また，衆議院の総選挙が行われたときは，必ず内閣は総辞職し，内閣総理大臣が国会によって指名され（③），新しい内閣が組織されます。

左の図の矢印のうち，衆議院だけに関係するものをおさえておこう。

公民のひとこと　「ぎいんないかくせい」を正しい漢字で書くと…

議院内閣制（議員内閣制とまちがえやすいので気をつけよう）

覚えたい3つのことば

閣議　国務大臣　議院内閣制

➡答えは別冊 p.7

1 次の□にあてはまる語句をあとから選びなさい。

(1) 国会が定めた法律や予算にもとづいて，国の政治を行うことを□といいます。日本では内閣がこの権限を持つ機関です。

(2) 内閣は□を開き，政治の運営について決定を行います。

(3) 財務大臣や環境大臣などの国務大臣を任命するのは，□です。

[　国会　閣議　立法　行政　総務大臣　内閣総理大臣　]

2 次の図は，国会と内閣の関係を示しています。あとの問いに答えなさい。

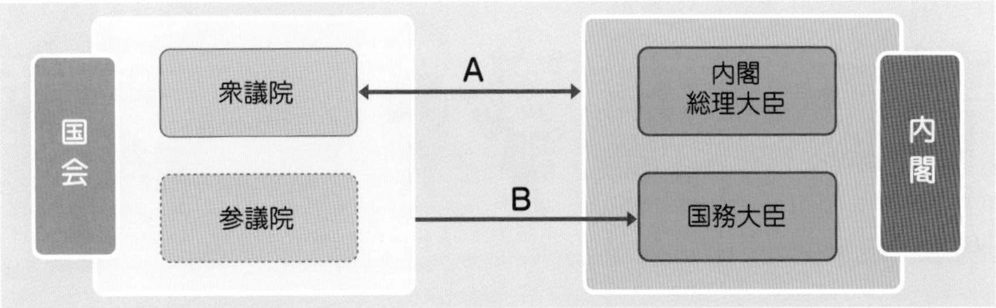

国会：衆議院 ←A→ 内閣総理大臣
参議院 —B→ 国務大臣
内閣

(1) 図中のAの関係について，次の文の①〜③にあてはまる数字と語句を答えなさい。

> 衆議院が内閣不信任の決議を行った場合，内閣は□①□日以内に衆議院を□②□するか，□③□をしなければならない。

①□　②□　③□

(2) 内閣が国会の信任にもとづいて成立し，国会に対して連帯して責任を負う制度を，何といいますか。

(3) 図中のBについて，国務大臣のうちのどれだけが，国会議員でなければならないとされていますか。次から選びなさい。

[　4分の1　3分の1　過半数　3分の1　]

17 行政とその改革

私たち**公務員**は，「**全体の奉仕者**」として国民のための仕事をしています。全国で約330万人の公務員が働いていますが，**行政のスリム化**のため，その総数は減少傾向にあります。

霞が関の中央官庁の様子

1 行政の役割とその変化

行政権の拡大

小さな政府…行政は国の安全保障や治安維持のみを担当。
大きな政府…行政は社会保障や教育・雇用の確保も担当。

組織が複雑でわかりにくいわ
公務員の数、多くないかなあ
○×省
局
局
局
課
課
課
課
課
課
課
課

公務員

行政を担当する職員を公務員といいます。国で働くのが国家公務員，地方公共団体で働くのが地方公務員です。

行政改革

簡素で効率的な行政をめざすための改革です。規制緩和や公務員の数を減らすことなどがその方策です。

2 国のおもな行政機関

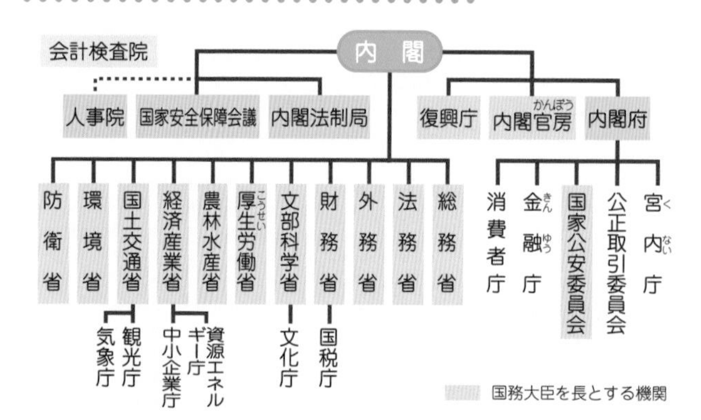

2001年の省庁再編も，行政改革の一環です。それでもまだ，行政の非効率が問題になっている例が，たとえば幼稚園と保育園の問題。幼稚園を担当する役所は文部科学省，保育園は厚生労働省。「幼保一元化」の動きは，ようやく動き出したばかりです。

公民のひとこと　「小さな政府」と公務員

国の安全保障は自衛官，治安維持は警察官の仕事。

覚えたい3つのことば

公務員　行政改革　規制緩和

➡答えは別冊 p.7

1 次の□にあてはまる語句をあとから選びなさい。

(1) 行政を担当する職員のうち，国で働く人を［　　］といいます。

(2) すべて公務員は，全体の［　　］者であることが日本国憲法で規定されています。

(3) 簡素で効率的な行政をめざす［　　］の一例が，省庁の再編です。

[主権　奉仕　行政改革　地方公務員　教育公務員　国家公務員]

2 次の図は，行政の役割の変化を示しています。あとの問いに答えなさい。

19 世紀以前のヨーロッパやアメリカ	→	現代
「小さな政府」として		**「大きな政府」**として
国の安全保障・［①］		［②］や教育の充実，雇用の確保

(1) 図中の下線部に最も関係が深い公務員を次から選びなさい。［　　］

[教育公務員　警察官　自衛官]

(2) 図中の①，②にあてはまる語句を，次から選びなさい。①［　　］

[裁判　社会保障　治安維持]　②［　　］

(3) 企業(きぎょう)の経済活動に対して，行政はさまざまな規制を行っています。行政の非効率を見直し，経済の活性化をめざすなどの改革の一環として，こうした規制を少なくすることを何といいますか。［　　］

まとめのテスト

勉強した日	得点
月　日	／100点

➡答えは別冊 p.8

1 右の表を見て，次の問いに答えなさい。　5点×5(25点)

(1) 表1と表2はそれぞれ，衆議院と参議院のどちらの議院の選挙区を示していますか。

表1（　　　）
表2（　　　）

(2) 表1のA～Fの候補者のうち，当選者をすべて選んで記号で答えなさい。（　　　）

(3) 表2のあ～う県のうち，議員1人あたりの有権者数が最も多い県と少ない県を比較したとき，1票の格差は何倍ありますか。（　　　）

(4) 衆議院，参議院ともに採用している，得票に応じて各政党へ議席を配分する選挙制度を何といいますか。（　　　）

表1　小選挙区における選挙シミュレーションによる結果

選挙区	1区			2区		
候補者	A	B	C	D	E	F
得票数	140	160	100	170	50	200

表2　3つの選挙区の比較

選挙区	定数(改選数)	有権者数
あ県	6(3)	90万人
い県	4(2)	30万人
う県	2(1)	10万人

2 右の図を見て，次の問いに答えなさい。　5点×5(25点)

(1) 図1は，衆議院議場におけるA～Dという架空の政党の議席数の割合を示したものです。A党が単独で内閣を組織している場合，政権を担当しているA党，それ以外のB～D党をそれぞれ何といいますか。

A（　　　）
B～D（　　　）

図1

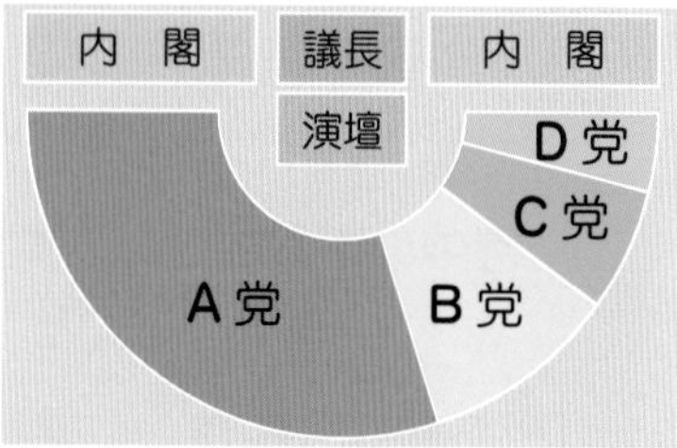

(2) A党とB党が政策で合意し，内閣を組織する場合，この政権を何といいますか。（　　　）

(3) 図1のような状況を多党制というのに対して，もし図2のように議席数のほとんどをA，B党という2つの政党が占めている場合は何といいますか。

（　　　）

図2

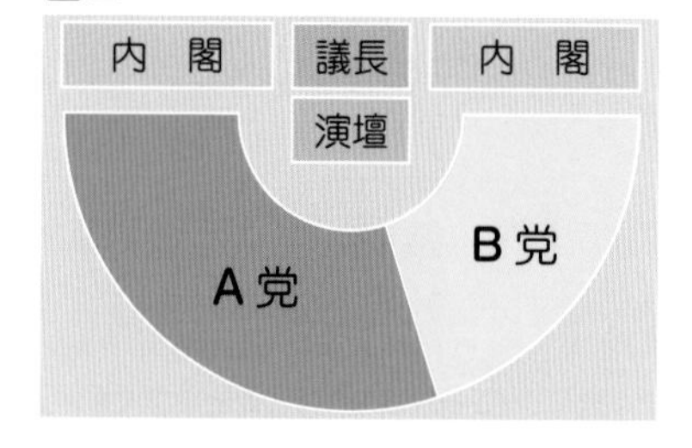

(4) 1955年から1993年，1994年から2009年にかけて政権を担当し，2012年に政権交代を実現させた政党を次から選びなさい。（　　　）

［　公明党　自民党　社民党　民主党　］

3 次の憲法の条文を読んで，あとの問いに答えなさい。 5点×5(25点)

○a 国会は，衆議院及び参議院の両議院でこれを構成する。(第42条)
○b 衆議院で可決し，参議院でこれと異なった議決をした法律案は，衆議院で出席議員の［ c ］以上の多数で再び可決したときは，法律となる，(第59条②)

(1) 下線部aのようなしくみを何といいますか。 (　　　)

(2) 参議院について正しく述べている文を，次から１つ選びなさい。 (　　　)

ア 参議院の議員数は，衆議院の議員数よりも200人以上多い。
イ 参議院議員の被選挙権は，年齢が満25歳以上の人に与えられている。
ウ 参議院議員の任期は６年であり，解散によって議席を失うこともある。
エ 参議院には，慎重な審議によって衆議院の行き過ぎをおさえる役割がある。

(3) 下線部bのような場合に，意見を調整するために開かれることがある機関を何といいますか。 (　　　)

(4) 下線部bのような場合に，衆議院の優越が認められているものとして適切なものを，次から１つ選びなさい。 (　　　)

ア 弾劾裁判所の設置　　イ 予算の議決
ウ 国政調査権の行使　　エ 憲法改正の発議

(5) ［ c ］にあてはまる割合を，次から選びなさい。 (　　　)

［ ３分の１　２分の１　３分の２　４分の３ ］

4 右の図を見て，次の問いに答えなさい。 5点×5(25点)

内閣不信任決議の可決
↓
（ ① ）の解散・総選挙
↓
（ A ）の召集
↓
内閣の（ ② ）
↓
内閣総理大臣の指名
↓
B 国務大臣の任命
↓
新内閣の成立

(1) 右の図は，内閣不信任決議の可決から新内閣が成立するまでの流れを示しています。①，②にあてはまる語句を答えなさい。

①(　　　)
②(　　　)

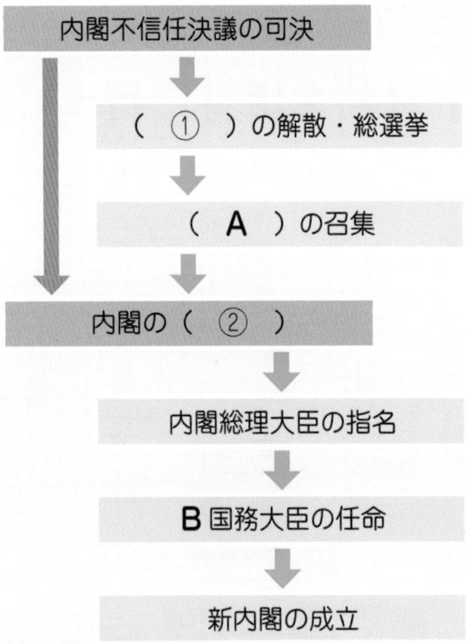

(2) Aにあてはまる国会を次から選びなさい。

［ 常会　臨時会　特別会 ］

(　　　)

(3) Bの国務大臣の数が14人である場合，何人以上が国会議員でなければならないと憲法では規定されていますか。数字で答えなさい。

(　　　人)

(4) 内閣が国会の信任にもとづいて成立し，国会に対して連帯して責任を負うしくみを何といいますか。 (　　　)

18 裁判の制度

私たち裁判官は，公正中立な立場で，自らの良心に従って仕事をしなければなりません。私たちは，**憲法と法律にのみ拘束**されるのです。

正義の女神像

1 司法の役割と裁判所のはたらき

司法と裁判所

法にもとづいて紛争を解決することを司法といいます。裁判所は，司法の中心として，国民の権利や自由を守る仕事をしています。

三審制

一つの事件について裁判所の審理を３回まで受けることができる制度です。誤審やそれによる冤罪を防ぐしくみです。

司法権の独立

法にもとづいた公正な裁判が行われるために，憲法では裁判官の独立と裁判所の独立を定めています。

司法権の独立を
象徴する
正義の女神

2 裁判を慎重に行うしくみ

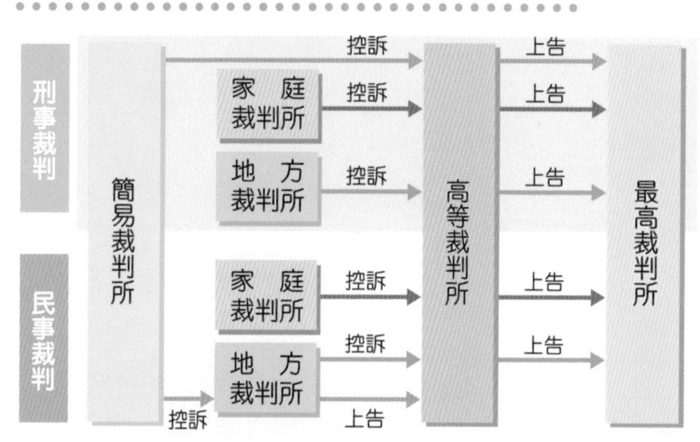

裁判所には，**最高裁判所**と，４つの種類の**下級裁判所**があります。

第一審の判決に不服のある場合は，**控訴**(上級の裁判所に第二審を求めること)や**上告**(さらに上級の裁判所に第三審を求めること)ができます。

公民のひとこと　高等裁判所と地方裁判所以外の下級裁判所は？

少年事件と家庭の問題を扱う家庭裁判所と，軽い事件を扱う簡易裁判所。

覚えたい3つのことば

三審制　控訴　上告

➡答えは別冊 p.8

1 次の□にあてはまる語句をあとから選びなさい。

(1) すべて裁判官は，その良心に従い，独立して職務を行い，□と法律にのみ拘束されます。

(2) 裁判所や裁判官が他の権力から圧力(あつりょく)や影響(えいきょう)を受けないことを□の独立といいます。

(3) 同一の事件について３回まで裁判を受けることができる制度を□といいます。

[再審制度(さいしんせいど)　三審制　議院内閣制(ぎいんないかくせい)　内閣　憲法　行政権(ぎょうせいけん)　司法権]

2 次の図は，民事裁判で，３回まで裁判を受けられるしくみを示しています。あとの問いに答えなさい。

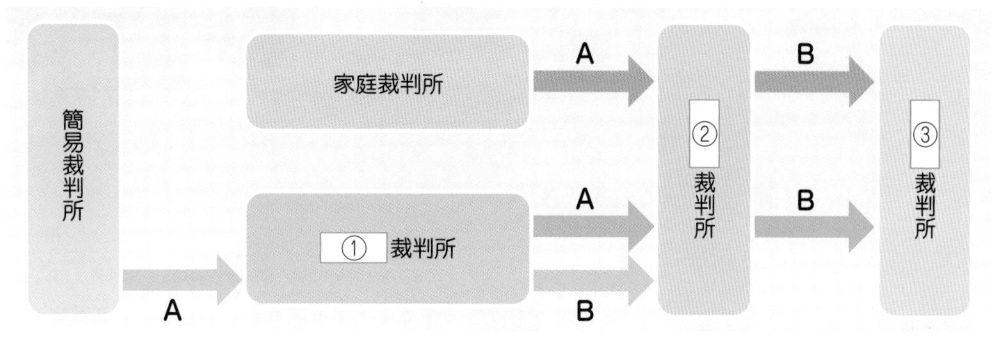

(1) 図中の①～③にあてはまる裁判所の種類を，あとからそれぞれ答えなさい。

① □　② □　③ □

[最高　弾劾(だんがい)　地方　高等　下級]

(2) 図中のA，Bのように，第一審，第二審の判決に不服の場合，上級の裁判所に訴えることをそれぞれ何といいますか。

A □　B □

19 裁判の種類

裁判には，民事裁判と刑事裁判とがあります。これらの裁判で，原告・被告や被告人の利益を守るための仕事をしているのがわたしたち弁護士です。

裁判員裁判（模擬裁判）

1 裁判の種類と国民の司法へのかかわり

民事裁判

個人間の権利をめぐる争いを解決するのが民事裁判です。裁判を起こした原告と，訴えられた被告とが裁判所で争います。

刑事裁判

犯罪に関して，有罪・無罪や刑罰の重さを決めるのが刑事裁判です。検察官によって起訴された人を被告人といいます。

裁判員制度

20歳以上の国民から選ばれた裁判員６人が裁判官３人と，殺人などの重大な刑事裁判に参加して判決を下します。

2 民事裁判と刑事裁判の手続き

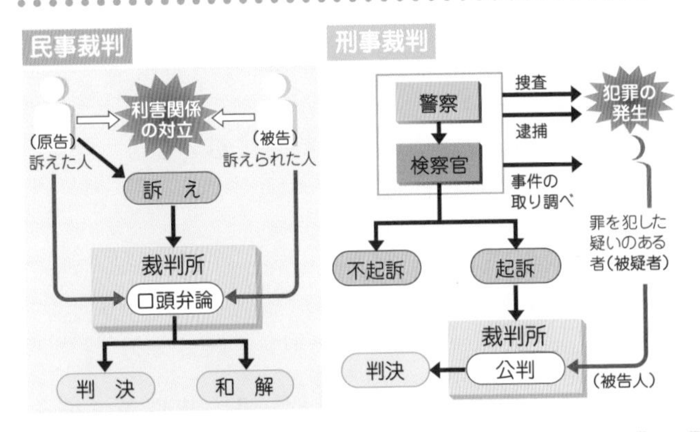

民事裁判の場合には，当事者どうしが話し合って解決（和解）する場合もあります。

民事裁判のうち，国や地方公共団体を相手に行う裁判は，行政裁判とよばれます。

公民のひとこと 警察と検察官のちがいに注意！

被疑者を逮捕するのが警察，被疑者を起訴し裁判にかけるのが検察官。

覚えたい3つのことば

民事裁判　刑事裁判　裁判員制度

➡答えは別冊 p.8

1 次の［　　］にあてはまる語句をあとから選びなさい。

(1) 殺人などの犯罪行為について，有罪か無罪かを決定する裁判を［　　　　］といいます。

(2) お金の貸し借りや相続(そうぞく)など，私人の間の争いについての裁判を［　　　　］といいます。

［　民事裁判　行政裁判　弾劾(だんがい)裁判　刑事裁判　］

2 次の①～③は，裁判にかかわる人の仕事や役割を示しています。あとの問いに答えなさい。

① 私は，証拠(しょうこ)にもとづいて起訴した被告人の有罪を主張し，刑罰(けいばつ)を求めます。

② 私は，A<u>訴えた人</u>やB<u>訴えられた人</u>，起訴された人の利益を守るために活動します。

③ 私は，法律(ほうりつ)にもとづいて判決を下し，事件を解決します。

(1) ①～③にあてはまる人を，あとからそれぞれ選びなさい。

①［　　　　］　②［　　　　］　③［　　　　］

［　裁判官　傍聴人(ぼうちょうにん)　弁護士　検察官　警察官　］

(2) 民事裁判では，②の下線部A，Bにあてはまる人をそれぞれ何といいますか。

A［　　　　］　B［　　　　］

(3) くじで選ばれた国民が裁判に参加し，裁判官といっしょに被告人の有罪・無罪や刑の内容を決める制度を何といいますか。

［　　　　］

20 三権分立

多くの国では，私が主張した**三権分立**の考えに従った体制をとっています。国民の基本的人権を保障するためのしくみとして，受けつがれているんだね。

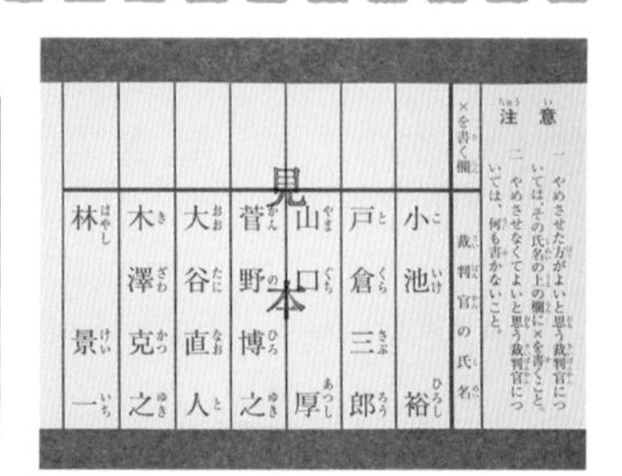

国民審査の用紙

1 三権分立によって守られる国民の権利

三権分立

国の権力を立法・行政・司法の三権に分け，それぞれ国会，内閣，裁判所という独立した機関が担当します。

国民審査

最高裁判所の裁判官が適格であるかどうかを主権者である国民が判断することです。

国民審査は
衆議院総選挙と
同時に行われる
やめさせたい
裁判官のらん
に×をつける

違憲審査権

国会の制定する法律や内閣の命令などが，憲法に違反していないかどうかを裁判所が判断する権限のことです。

法律
憲法に違反
するものは
無効です
命令
処分

2 立法権・行政権・司法権の抑制と均衡

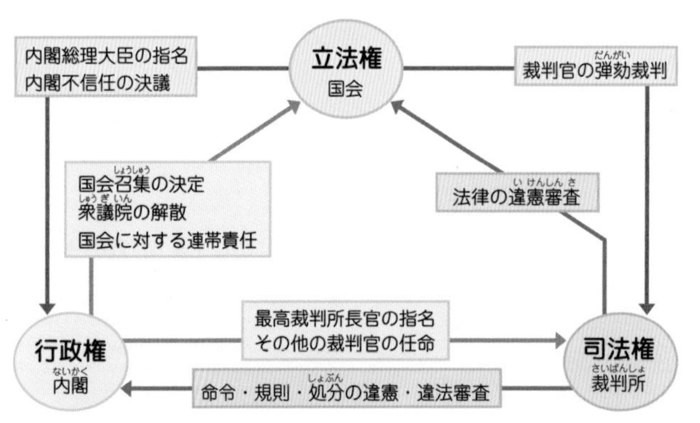

三つの権力がたがいに**抑制**しあい，**均衡**を保つしくみを表した図です。

弾劾裁判というのは，国会議員が裁判員となって，不適任だと思われる裁判官をやめさせるかどうかの判断を行うものです。

公民のひとこと 抑制と均衡って何？

抑制とはお互いにおさえ合うこと。**均衡**とはバランスを保つこと。

覚えたい3つのことば

違憲審査権　国民審査　弾劾裁判

➡答えは別冊 p.9

1 **次の□にあてはまる語句をあとから選びなさい。**

(1) 国会は，□を設けて，問題のある裁判官をやめさせることができます。

(2) 内閣は，□の長官を指名し，その他の裁判官を任命します。

[高等裁判所　最高裁判所　簡易(かんい)裁判所　弾劾裁判所]

2 **次の図は，三権の抑制と均衡の関係を示しています。あとの問いに答えなさい。**

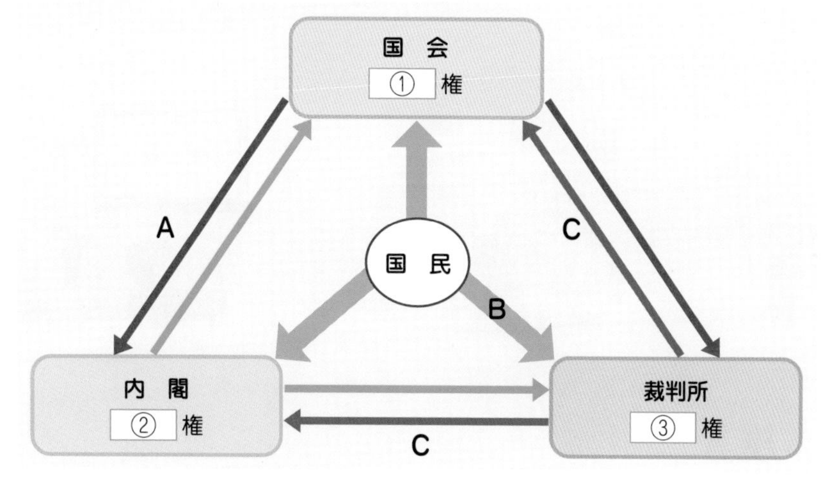

(1) ①～③にあてはまる権力をそれぞれ答えなさい。

① □　② □　③ □

(2) 図中のA，Bにあてはまるものを，次から選びなさい。

A □
B □

[世論(せろん)　国民投票　不信任決議(ふしんにんけつぎ)　国民審査]

(3) 図中のCについて，裁判所が持っている，法律や命令などが憲法に違反していないかどうかを判断する権限を何といいますか。

□

21 地方自治とは

公立の小中学校，図書館や公民館は市区町村が置くものです。ごみの収集や上下水道の整備，消防なども，住民生活にとって大切な仕事です。

市役所

1 私たちのくらしと地方自治

地方自治

地域の実態に応じて，住民が自分たちの意思と責任で地域の政治を行うことを地方自治といいます。

地方公共団体

国から自立し，住民自治を行うためのおもな場が，市区町村や都道府県などの地方公共団体です。

民主主義の学校

住民が自ら身近な地域の問題の解決をめざす地方自治は，民主政治の原点です。ですから地方自治は「民主主義の学校」と呼ばれます。

2 首長と地方議員

	市(区)町村長	都道府県知事	都道府県議会 市(区)町村議会
種類			
被選挙権	25歳以上	30歳以上	25歳以上
	選挙権はすべて18歳以上		

地方公共団体の長を**首長**といいます。○○県なら県**知事**，□□市なら**市長**のことです。

首長は，地方議会の議員と同じように，住民から**直接選挙**で選ばれます。

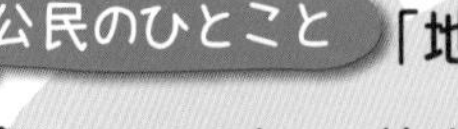
公民のひとこと 「地方分権一括法」とは？

2000年に施行。国の権限の一部が地方に移され，地方分権が進んだ。

覚えたい3つのことば

民主主義の学校　首長　地方分権

➡答えは別冊 p.9

1 次の［　　］にあてはまる語句をあとから選びなさい。

(1) 住民自身が地域の課題を考え，自ら地方の運営を行うことを［　　　　］といいます。

(2) 住民自身が地方の運営を行うことは民主政治の原点であり，「［　　　　］の学校」と呼ばれています。

(3) 地方の政治を行う市区町村や都道府県などを［　　　　］といいます。

［　民主主義　　社会主義　　中央集権　　地方自治　　地方公共団体　］

2 次の図は，地方の代表を選ぶしくみを示しています。あとの問いに答えなさい。

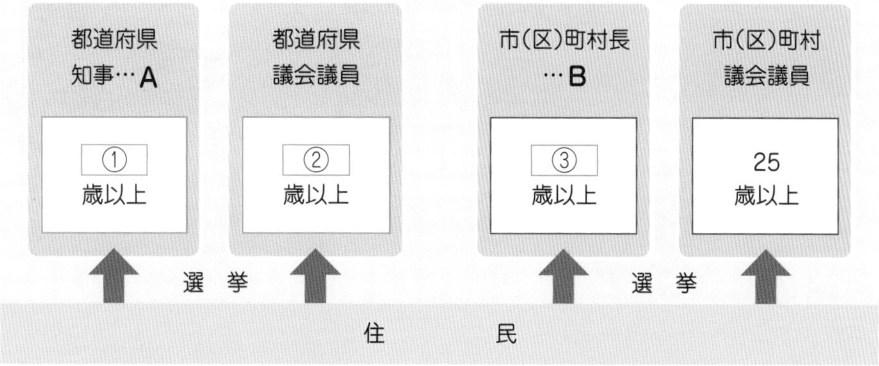

都道府県知事…A	都道府県議会議員	市(区)町村長…B	市(区)町村議会議員
［①］歳以上	［②］歳以上	［③］歳以上	25歳以上
↑選挙	↑	↑選挙	↑

住民

(1) 地方公共団体の長にあたる図中のAやBを何といいますか。

［　　　　］

(2) 図中の①～③にあてはまる被選挙権の年齢をそれぞれ答えなさい。

①［　　　　］　②［　　　　］　③［　　　　］

(3) 地方にかかわりが深い仕事を，国ではなく地方が独自に行っていけるように，財源などを国から地方に移すことを何といいますか。

［　　　　］

22 地方自治の制度と財政

地方自治と政治参加②

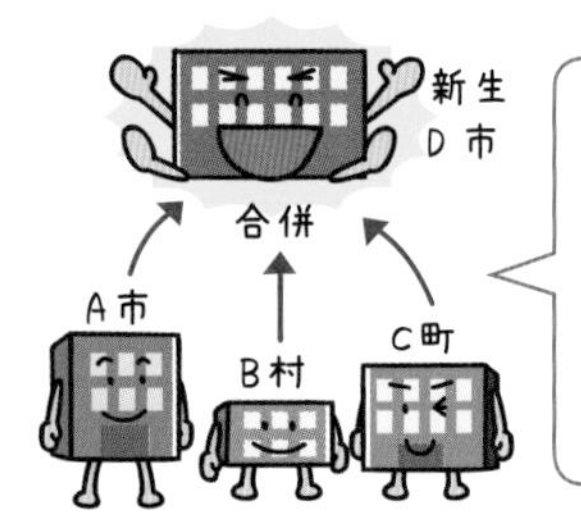

地方公共団体の悩みは，財政難です。地方公共団体の仕事の効率化で費用の節約につながるのが**市町村合併**ですが，生活が不便になるのが心配です。

市議会の様子

1 地方議会の仕事と地方自治の財源

条例

地方議会が，国の法律の範囲内で独自に制定するきまりです。その地方公共団体だけに適用されます。

地方交付税交付金

地方公共団体間の財政格差をなくすため，国から配分されるものです。税収の多いところは，配分が少なくなります。

国庫支出金

義務教育の実施や道路・港湾の整備など，特定の仕事を行う目的で国から支払われるものです。

2 地方自治のしくみ

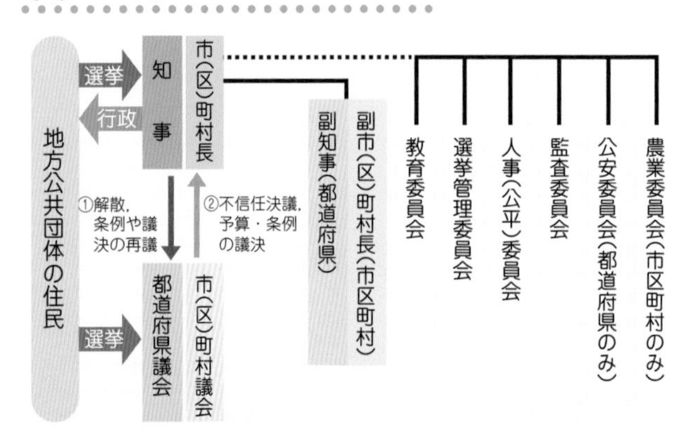

首長は，**予算**や**条例**の案をつくり，**地方議会**に提出します。議会は，住民の意思をいかして予算を決め，条例を制定します。

首長と地方議会は，左の図中①，②のように，たがいに抑制し合い，均衡を保つ関係にあります。

公民のひとこと 地方公共団体の借金

地方債といい，その発行残高は歳入総額を上回っています。

覚えたい3つのことば

条例　地方交付税交付金　国庫支出金

➡答えは別冊 p.9

1 次の［　　］にあてはまる語句をあとから選びなさい。

(1) 地方議会が法律の範囲内で制定するきまりを［　　　　］といいます。

(2) 地方公共団体の借金にあたる［　　　　］の発行残高は，地方公共団体の歳入の総額を上回っています。

(3) 地方議会が首長の不信任決議（ふしんにんけつぎ）を行った場合，首長は議会を［　　　　］することができます。

［　条約　条例　政令　解散　廃止　地方債　総務費　］

2 次のグラフは，地方公共団体の歳入を示しています。あとの問いに答えなさい。

地方財政の歳入構成（2019年度）

①	②	③	地方債	その他
44.3%	18.3	17.0	10.4	10.0

①：地方独自の財源です。
②：地方公共団体間の財政格差をなくすため，国から分配されます。
③：特定の仕事を行う目的で，国から支払われます。

(1) ①〜③にあてはまるものを，あとからそれぞれ選びなさい。

①［　　　　］　②［　　　　］　③［　　　　］

［　公債金　国庫支出金　地方税　地方交付税交付金　］

(2) 地方公共団体の予算案をつくるのは，どの機関ですか。次から選びなさい。

［　地方議会　財務省（ざいむしょう）　首長　監査委員（かんさ）　］　［　　　　］

(3) 地方公共団体の財政難の解消や行政の効率化に向けたある政策（せいさく）のため，市の数が増え，町や村の数が減っています。ある政策とは何ですか。［　　　　］

23 世論と政治参加

署名お願いしま～す！

政治参加の方法には，選挙での投票，議員などへの請願（せいがん），政党（せいとう）活動や大衆（たいしゅう）運動，マスメディアの世論（せろん）づくりへの参加など，さまざまなものがあります。

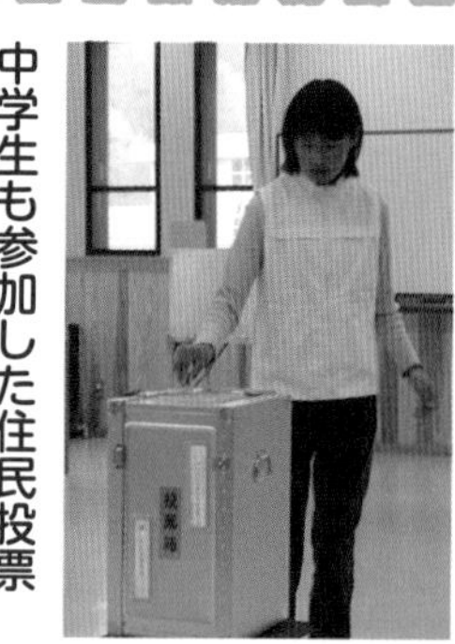
中学生も参加した住民投票

1 政治を動かす国民の声と行動

世論

社会の諸問題について，多くの人々によって共有・支持されている意見のことを，世論といいます。

直接請求権（ちょくせつせいきゅうけん）

議会の解散，首長や議員の解職（リコール），条例（じょうれい）の制定などを求める住民の権利です。直接民主制の要素を取り入れています。

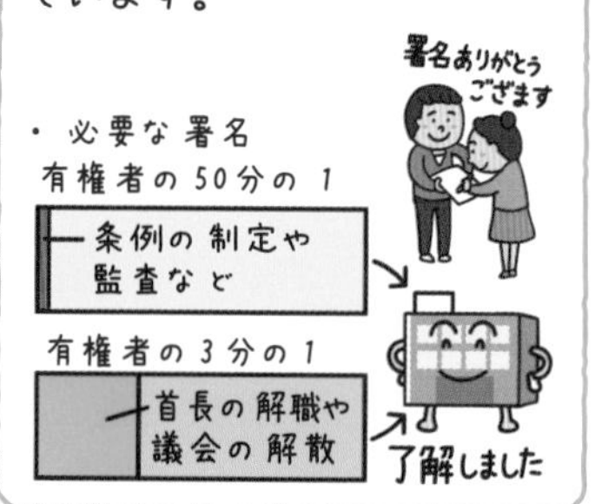

住民投票

市町村合併（がっぺい）や施設（しせつ）の建設などの重要な問題について，住民が投票によって賛成・反対の意思を表明します。

2 住民の直接請求権

種　類	署名数	請求先
条例の制定・改廃	有権者の50分の1以上	首長
監査請求		監査委員
議会の解散	有権者の3分の1以上	選挙管理委員会
議員・首長の解職		
副知事・副市(区)町村長などの解職		首長

議会の解散請求が出された場合，また，首長，議員の解職請求が出された場合は，住民投票を行って，過半数の同意があれば，解散・解職します。

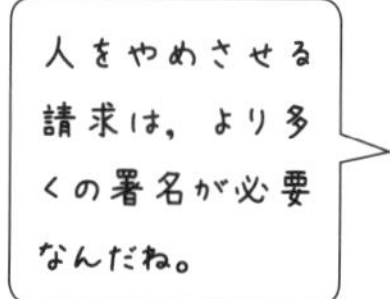

人をやめさせる請求は，より多くの署名が必要なんだね。

公民のひとこと　マスメディアとは？

世論を形成する，新聞やテレビなど。近年，インターネットが成長。

覚えたい3つのことば

世論　　直接請求権　　住民投票

➡答えは別冊 p.9

1 次の［　　］にあてはまる語句をあとから選びなさい。

(1) 政治や社会などについて，多くの国民が持っている意見を［　　　　］といい，新聞やテレビはその調査結果を報道しています。

(2) 地方自治では，住民が［　　　　］の解散を請求することができます。

［　首長　　議会　　教育委員会　　合意形成　　世論　　マスメディア　］

2 次の表は，直接請求のしくみを示しています。あとの問いに答えなさい。

請求の種類	必要な署名	請求先	請求後の取り扱い
条例の制定または改廃の請求	有権者の［①］以上	［A］	議会を招集し，結果を報告。
首長・議員の解職請求（リコール）	有権者の［②］以上	［B］	［C］を行い，過半数の賛成があれば解職。

(1) ①，②にあてはまる数字を，次から選びなさい。

［　50分の1　　5分の1　　3分の1　］

① ［　　　　］

② ［　　　　］

(2) A，Bにあてはまる請求先を，次から選びなさい。

［　選挙管理委員会　　監査委員　　首長　］

A ［　　　　］

B ［　　　　］

(3) Cにあてはまる語句を答えなさい。

［　　　　］

(4) 住民が上の表のような請求ができるのは，次のうちどのような要素が取り入れられているからだといえますか。

［　　　　］

［　代議制　　直接民主制　　間接民主制　　立憲制　］

まとめのテスト

勉強した日　月　日　得点　／100点

➡答えは別冊 p.10

1 右の図を見て，次の問いに答えなさい。　5点×6（30点）

(1) **図1**のように行われる裁判として適切なものを，次から選びなさい。（　　）

ア 行政処分の取り消しを求める裁判である。

イ 和解により争いが解決されることがある。

ウ 個人と個人の間の利害の対立を解決する。

エ 犯罪行為の事実認定を行い，刑罰を決める。

(2) **図1**中の**A**，**B**にあてはまる語を次から選びなさい。［ 原告　被告人　傍聴人　弁護人 ］

A（　　）　**B**（　　）

(3) **図1**のような裁判では，新しい司法制度の導入により，**図2**の**C**が示す6名が参加する場合があります。このような制度を何といいますか。

（　　）

(4) **図3**は，**図1**のような裁判における三審制のしくみを表しています。**D**，**E**にあてはまる語句をそれぞれ答えなさい。

D（　　）

E（　　）

図1

図2

C　裁判官　C

図3

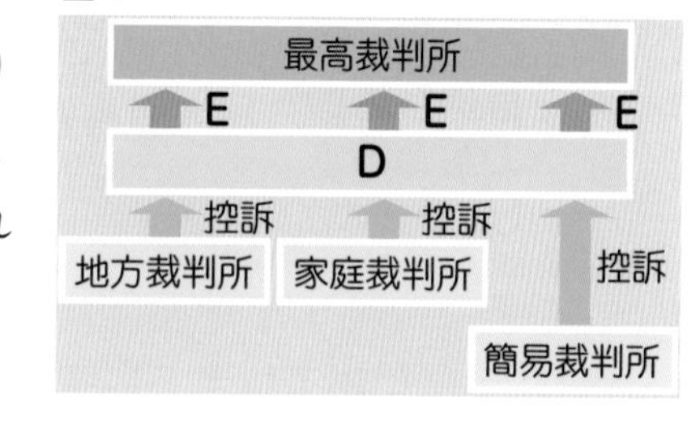

2 次の文を読んで，あとの問いに答えなさい。　5点×4（20点）

> 国の権力を3つに分け，それぞれ別の機関が担当する［　　］のしくみは，権力の集中により国民の自由がおびやかされることを防ぐという考えにもとづいています。

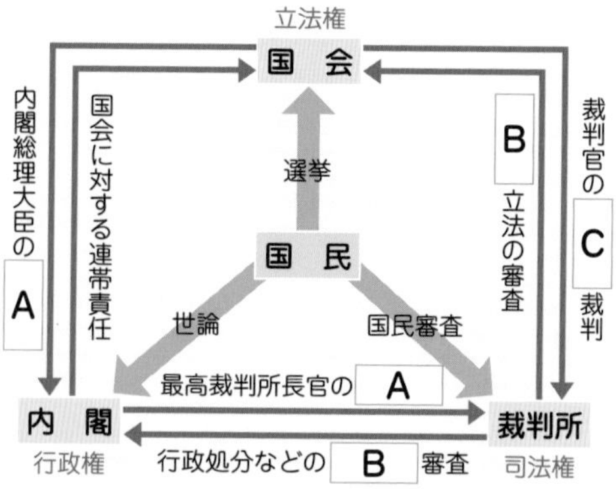

立法権
国　会
内閣総理大臣の A
国会に対する連帯責任
選挙
B 立法の審査
裁判官の C 裁判
国　民
世論
国民審査
最高裁判所長官の A
行政処分などの B 審査
内　閣
行政権
裁判所
司法権

(1) 文中の［　　］にあてはまる語を漢字4字で答えなさい。（　　）

(2) 図中の**A**と**B**のそれぞれに共通してあてはまる語を答えなさい。　**A**（　　）　**B**（　　）

(3) 図中の**C**の裁判は，国会が裁判官をやめさせるかどうかを判断する権限を持っています。**C**にあてはまる語を答えなさい。（　　）

3 次の問いに答えなさい。

5点×5(25点)

(1) 地方自治は，住民が自分の住んでいる地域を自主的に治めていくという考え方から，何の学校といわれていますか。次から選びなさい。（　　　　）

[　平和主義　資本主義　民族主義　民主主義　]

(2) 右のグラフは，地方財政の歳入(2019年度)の構成を示しています。次の文中の①～③にあてはまる語をグラフ中から選びなさい。

地方財政の歳入

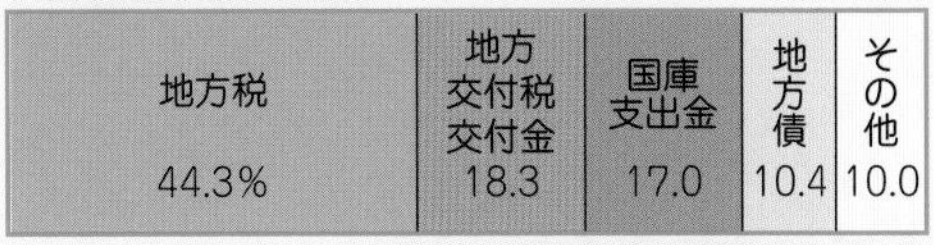

地方税	地方交付税交付金	国庫支出金	地方債	その他
44.3%	18.3	17.0	10.4	10.0

(2019/20年度「日本国勢図会」より)

> 地方公共団体が徴収する税と，地方公共団体が借り入れる［①］を合わせても，歳入全体の半分程度である。不足する部分は，国から配分される［②］によって補われており，また，使い方が決められている［③］も国から支払われている。

①（　　　　）
②（　　　　）
③（　　　　）

(3) 中央集権というしくみに対して，地方に関わりが深い仕事は，国ではなく地方が独自に行っていけるように，国が持っている権限や財源を国から地方公共団体に移していくことを何といいますか。（　　　　）

4 右の図を見て，次の問いに答えなさい。

5点×5(25点)

地方議会 ⇔A⇔ 首長
B 請求（住民→地方議会）
C 請求（住民→首長）
住民

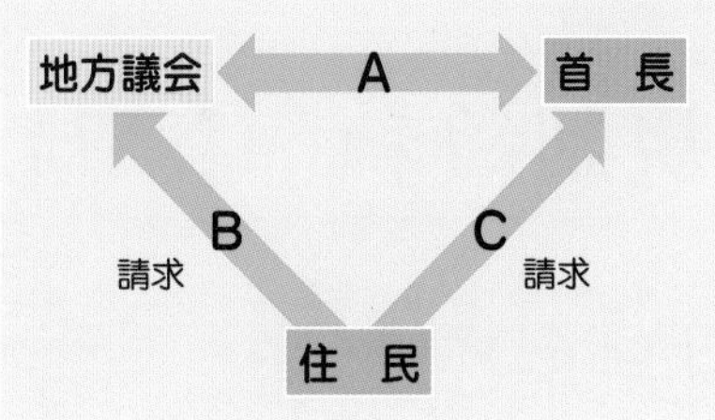

(1) Aの地方議会と首長との関係の説明として正しいものを，次から1つ選びなさい。（　　　　）

ア　地方議会は，首長の指名を行うことができる。
イ　地方議会は，首長の不信任決議ができない。
ウ　首長は，地方議会を解散することができる。
エ　首長は，地方議会がつくった予算を承認する。

(2) Bについて述べた次の文の①，②にあてはまる語句をそれぞれ答えなさい。

> 地方議会の解散請求に必要な署名数は有権者の3分の1以上で，請求先は［①］である。解散請求が出された場合，［②］を行い，過半数の同意があれば解散する。

①（　　　　）　②（　　　　）

(3) Cについて，住民が有権者の50分の1以上の署名を集めて，首長に求めることができることを，次から1つ選びなさい。（　　　　）

ア　条約の締結　**イ**　条例の制定　**ウ**　監査請求　**エ**　議員の解職請求

(4) BやCのように，住民が一定数以上の署名によって議会や首長などに請求することができるなど，住民による直接民主制の要素を取り入れた権利を何といいますか。

（　　　　）

特集 重要語句を書こう

なぞってから右のわくに書いてみよう。

- 小選挙区制（しょうせんきょくせい） 小選挙区制
  1つの選挙区から1人が当選する。
- 比例代表制（ひれいだいひょうせい） 比例代表制
  政党の得票数に応じて議席を配分する。
- 与党と野党（よとうとやとう） 与党と野党
  政権を担当する政党と監視・批判する政党。
- 衆議院の優越（しゅうぎいんのゆうえつ） 衆議院の優越
  参議院に対し，衆議院のみに与えられた権限。
- 公聴会（こうちょうかい） 公聴会
  国会で議員以外の有識者に意見を聞く会。
- 議院内閣制（ぎいんないかくせい） 議院内閣制
  国会と連帯責任を持つ日本の内閣制度。
- 規制緩和（きせいかんわ） 規制緩和
  さまざまな規制を取り払う行政改革。
- 控訴と上告（こうそとじょうこく） 控訴と上告
  さらに上級の裁判所への訴え。
- 刑事裁判（けいじさいばん） 刑事裁判
  犯罪を裁く裁判。
- 違憲審査権（いけんしんさけん） 違憲審査権
  憲法に違反していないか審査する権限。
- 地方公共団体（ちほうこうきょうだんたい） 地方公共団体
  市(区)町村や都道府県のこと。
- 国庫支出金（こっこししゅつきん） 国庫支出金
  特定の目的のため，国から地方に支給される。
- 直接請求権（ちょくせつせいきゅうけん） 直接請求権
  住民が地方公共団体に請求する権利。

63ページの答え ①A ②C ③A

くらしと経済

公民三択クイズ

①大企業(だいきぎょう)と中小企業，働く人が多いのはどっち？

事業所数は圧倒的に中小企業。

出荷額は50％以上が大企業です
数は99％をしめるよ
大企業
中小企業

A　中小企業
B　大企業
C　同じくらい

②日本の紙幣(しへい)を発行しているのはどこ？

A　国会
B　財務省(ざいむしょう)
C　日本銀行

イラストに描かれている銀行は？

発券銀行
紙幣を発行

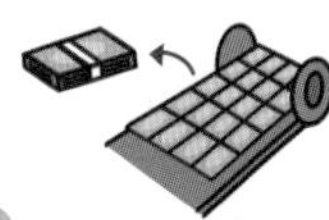

銀行の銀行

政府の銀行
税金を預けるね
政府

③収入も増えているが物価も上がっている。この状態は？

上と下のどっちにあたる？

A　インフレ
B　デフレ
C　不景気

➡答えは62ページに

24 家計と消費

わたしたちの経済活動には，**選択**の機会がたくさんあります。**購入**する商品の選択だけでも，その金額，必要性，性能や性質などをもとに考えますね。

さまざまな商品がならぶ量販店

1 家庭の経済活動

家計

家庭が営む経済活動のことです。仕事をして収入を得て，生活に必要な消費を行い，将来に備えて貯蓄をします。

収入と支出

家計に入る収入のことを，所得といいます。食料費や住居費などの生活費を消費支出，税金や社会保険料などは非消費支出といいます。

カード

商品を買うとき，現金で支払うという方法以外に，クレジットカードや電子マネーを利用することができます。

現金を持たなくて
買い物ができます
クレジットカード
電子マネー
収入と支出のバランスが大事！

2 経済活動とお金の循環

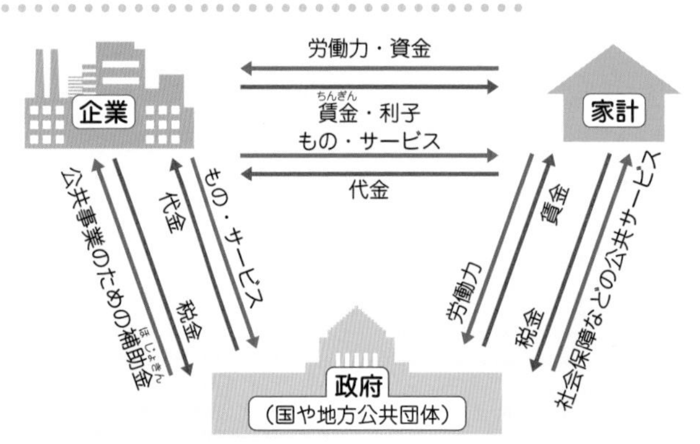

生産と消費を中心とした人間の活動を経済といいます。

経済活動にともなって，お金(←―)が家計・企業・政府の間を循環していることを表しているのが，左の図です。

公民のひとこと クレジットカードと電子マネーのちがい

前者は信用による後払い。後者は現金をデジタルデータ化。

覚えたい3つのことば

家計　　消費支出　　貯蓄

➡答えは別冊 p.10

1 次の［　　］にあてはまる語句をあとから選びなさい。

(1) 家庭が営む経済活動を［　　　　］といいます。

(2) 食料品や衣服，娯楽，教育などへの支出を［　　　　］といいます。

(3) 銀行預金や生命保険料の支払いは［　　　　］と呼ばれ，将来の支出に備えるという意味で大切なものです。

［　企業　家計　貯蓄　消費支出　非消費支出　可処分所得　］

2 次の①，②は，買い物での会計の場面を示しています。あとの問いに答えなさい。

①

お支払いは分割になさいますか

1回で

（　③　）がなくても買い物ができるのは，これを発行した会社が代金を立て替えてくれているからです。

②

ピッ

（　③　）がデジタルデータとして登録されているので，（　③　）がなくても買い物ができます。

(1) ①のカード，②のお金をそれぞれ何といいますか。また，③に共通してあてはまる，実際のお金のことを何といいますか。

①［　　　　］　②［　　　　］　③［　　　　］

(2) ①のカードを使っての買い物で気をつけるべきことを述べた次の文の［　　］に共通してあてはまる語句を答えなさい。［　　　　］

現在の［　　］だけでなく，将来の［　　］についても正しい見通しを立て，支出とのバランスを考えて買い物をするべきです。

25 消費者と流通

私たちには，消費者という立場で知っておくべき制度があります。たとえば，**クーリング・オフ**は，訪問販売などで商品を買った場合，一定期間内なら契約を解除できるしくみです。

魚市場のせりの様子

1 消費者を守り，支えるもの

消費者の権利

1962年，ケネディ大統領が次の４つの消費者の権利を示しました。消費者主権を実現させるためにも，自立した消費者であることが求められます。

PL法（製造物責任法）

製品の欠陥によって損害を受けた場合，被害者が企業側の過失を証明しなくても，損害賠償を求めることができます。

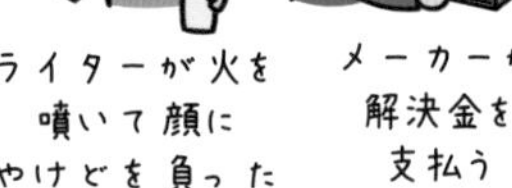

ライターが火を噴いて顔にやけどを負った
メーカーが解決金を支払う

流通

商品を生産者から消費者に届けるまでの流れが流通です。流通を合理化すると，商品を安く早く届けることができます。

2 商品の流通（野菜を例に）

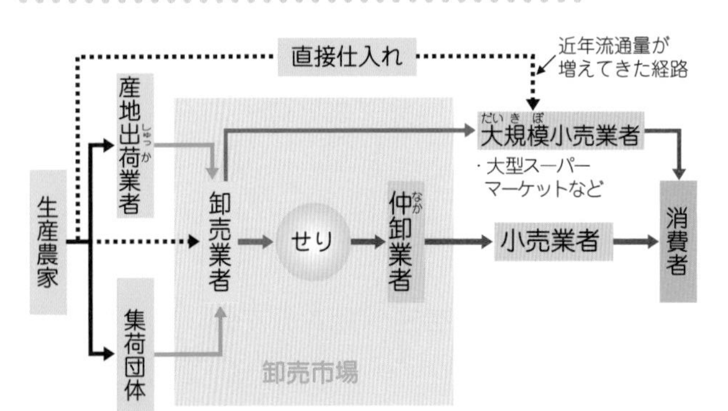

商品の**流通**を専門的に行っているのが，**卸売業者**や**小売業者**です。大規模な小売店では，商品を生産者から直接仕入れて経費を減らすなど，**流通の合理化**を図っています。

公民のひとこと　「POSシステム」の「POS」とは？

「Point of Sale」 販売する場所→販売時点における情報の管理という意味です。

覚えたい3つのことば

製造物責任法(PL法)　卸売業者　流通の合理化

➡答えは別冊 p.10

1 次の□にあてはまる語句をあとから選びなさい。

(1) 消費者の権利として，安全である権利，知る権利，□する権利，意見を反映させる権利があると主張されています。

(2) 欠陥商品によって消費者が被害を受けた場合，□では，企業側に被害の救済を義務づけています。

(3) 訪問販売などで商品を買った場合，一定期間なら□が解除できるしくみをクーリング・オフ制度といいます。

[　契約　選択　売買　消費者基本法　消費者契約法　製造物責任法　]

2 次の図は，ある商品が消費者に届くまでを示しています。あとの問いに答えなさい。

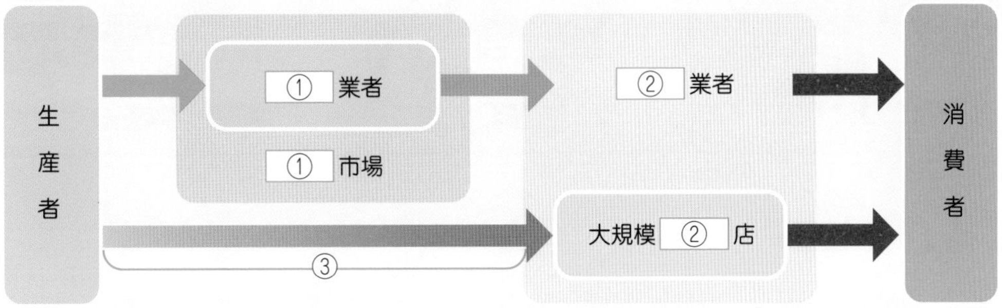

(1) 図のように，商品が生産者から消費者に届くまでの流れを何といいますか。

□

(2) ①，②にあてはまる語句をそれぞれ答えなさい。

①□　②□

(3) ③の流れのように，デパートやスーパーマーケットが生産者から商品を直接仕入れ，経費の節約を図る取り組みを何といいますか。

□

26 企業の役割やしくみ

多くの企業は，民間の人々が経営し，利潤を追求する私企業です。でも，国や地方公共団体などが経営する公企業は，利潤の追求よりも公共の利益を第一としています。

東京証券取引所の様子

1 さまざまな企業の種類

企業とは

さまざまな商品の生産や販売の役割を専門的に行うのが企業です。私企業には個人企業と法人企業があります。

株式会社

株式を発行し，資金を多くの人々から集めてつくられる企業を株式会社といいます。株式は証券取引所で売買されます。

大企業と中小企業

大企業と中小企業を分ける基準は，資本金や従業員の数です。数では日本企業全体の約99%が中小企業です。

2 株式会社のしくみ

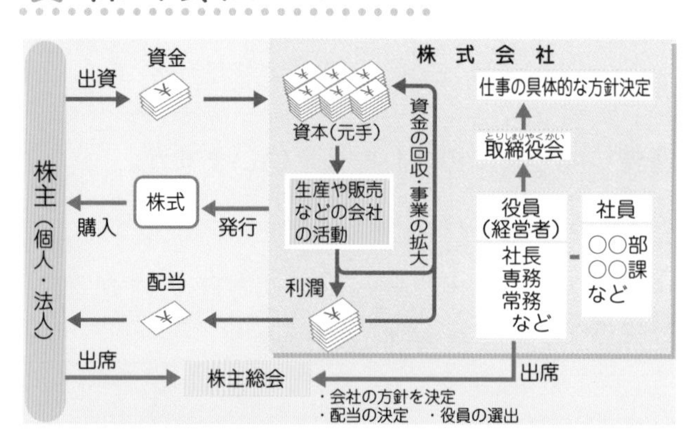

株式を購入した人は，株主と呼ばれます。株主は，会社の最高意思決定機関である株主総会に出席して，さまざまな議決をしたり，利潤の一部を配当として受け取ったりする権利があります。

公民のひとこと 企業が生産活動を行うために必要な３要素

土地（店や工場を建てる），資本（経営資金，工場，機械など），労働力（従業員）

覚えたい3つのことば

私企業　株式会社　株主総会

➡答えは別冊 p.11

1 次の　　にあてはまる語句をあとから選びなさい。

(1) 私企業は,　　　　を得ることを目的として生産活動を行っています。

(2) 水道・ガスなどの地方公営企業やNHKなどの特殊法人は,　　　　といいます。

(3) 日本の企業のうち，数の上で大部分を占めているのは,　　　　です。

[株式　税金　利潤　大企業　公企業　中小企業]

2 次の図は，株式会社のしくみを示しています。あとの問いに答えなさい。

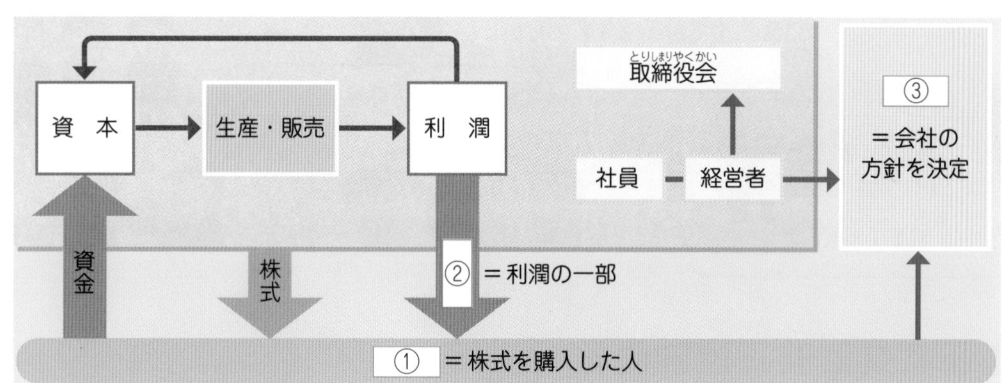

(1) ①～③にあてはまる語句を，それぞれ答えなさい。

①　　　　②　　　　③

(2) 株式会社はどのような企業の一つに分類されますか。次の中から，2つ選んで答えなさい。

私企業	公企業	特殊法人
個人企業	法人企業	国営企業

(3) 右の写真のような，株式が売買される場所を何といいますか。

27 労働者の権利

私たちの**労働力**は，**資本主義経済**（しほんしゅぎ）では商品のように売買されます。おもな買い手は企業（きぎょう）です。労働者と企業の関係は，必ずしも対等ではありません。

ハローワークでの求職

1 労働環境とその変化

労働組合

一人では立場の弱い労働者が団結して，賃金・労働時間・労働環境（かんきょう）などの労働条件について，会社と交渉（こうしょう）するための組織です。

失業と対策

働く意思も能力もあるのに，仕事を得られない状態が失業。不景気になると失業者が増えるので，対策（たいさく）が必要です。

多様化する労働

同じ企業で定年まで働く終身（しゅうしん）雇用（こよう）が一般的でしたが，転職をする人や，成果主義（せいかしゅぎ）を導入する企業も増えました。

2 正社員と非正規（ひせいき）労働者

雇用形態別労働者の割合の推移

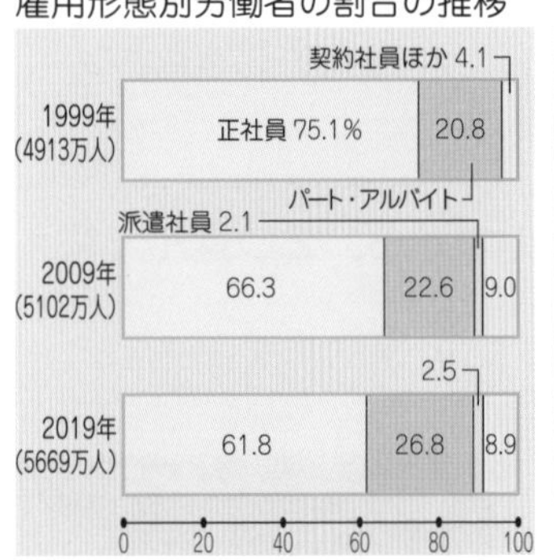

雇用形態別労働者の割合の男女比率

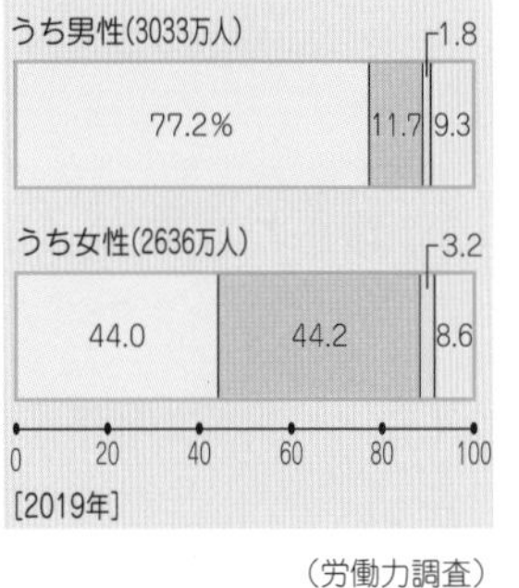

（労働力調査）

労働者全体に占める**正社員**の割合が減り，パート・アルバイト，派遣（はけん）会社からの**派遣労働者**，契約（けいやく）労働者などの**非正規労働者**が増える傾向にあります。

非正規労働者は働く仕事や時間を選べますが，正社員と比べ，賃金や労働条件が悪いなどの問題があります。

公民のひとこと 労働者の権利を保障する法律

労働基準法，労働組合法，労働関係調整法…労働三法といいます。

覚えたい3つのことば

労働組合　労働基準法　非正規労働者

➡答えは別冊 p.11

1 次の□にあてはまる語句をあとから選びなさい。

(1) 労働条件の維持(いじ)や改善を企業側と交渉するための組織を[　　　]といいます。

(2) 不景気になると仕事を得ることができない人が増えて，[　　　]率が高くなる傾向があります。

(3) 同じ企業で定年まで働く[　　　]と年功序列の賃金のしくみが，近年は変化してきています。

[就職　失業　能力主義　終身雇用　協同組合　労働組合]

2 次の①～③は，ある法律の内容を示しています。あとの問いに答えなさい。

① 労働条件は，労働者と使用者が，[A]の立場で決定すべきである。

② 使用者は，女性の賃金について，男性と[B]な取り扱いをしてはならない。

③ 使用者は，労働者に1週間について[C]時間を超えて労働させてはならない。

(1) A～Cにあてはまる語句や数字を，あとから選びなさい。

A [　　　]　B [　　　]　C [　　　]

[差別的　対等　同一　36　40　48]

(2) ①～③の内容を定めている法律を何といいますか。[　　　]

(3) 現在，日本の労働者のうち約4割は，アルバイト・パート，派遣労働者，契約労働者などの，正社員ではない人たちです。このような，期間を定めた短期の契約で雇用される労働者を何といいますか。[　　　]

まとめのテスト

勉強した日　月　日　得点　／100点

➡答えは別冊 p.11

1 右の図を見て，次の問いに答えなさい。　5点×7(35点)

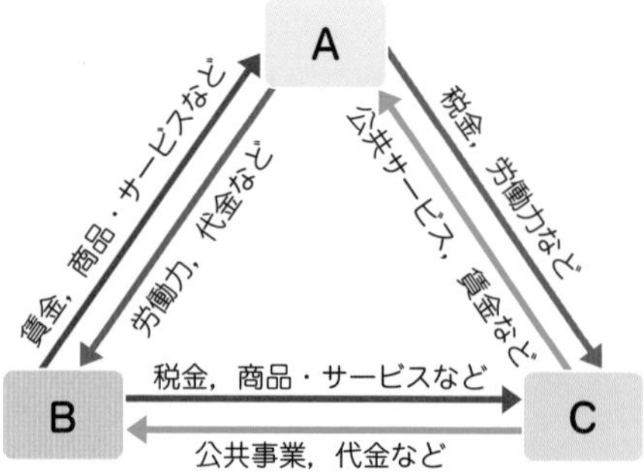

(1) 図中のA～Cは，政府，企業，家計のいずれかを示しています。AとBにあてはまるものはそれぞれ何ですか。

A（　　　　）
B（　　　　）

A
賃金，商品・サービスなど
労働力，代金など
税金，労働力など
公共サービス，賃金など
B
C
税金，商品・サービスなど
公共事業，代金など

(2) 次の文の①～③にあてはまる語句を，あとからそれぞれ選びなさい。

> 家計の収入として得られた所得の一部は政府に［①］として支払われ，残った所得は商品やサービスの購入のための［②］と，銀行預金などの［③］に配分される。

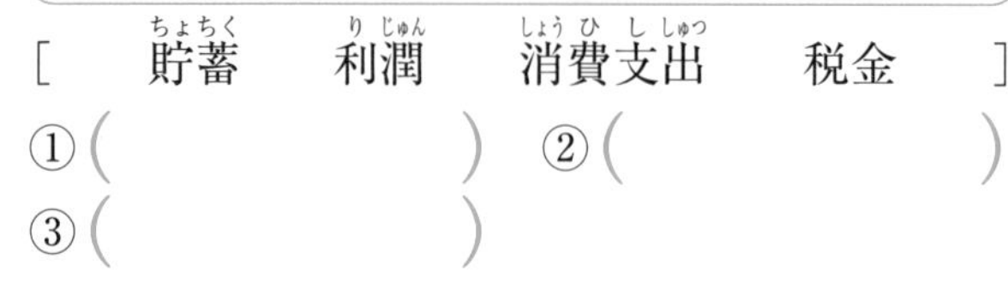

［　貯蓄　利潤　消費支出　税金　］

①（　　　　）　②（　　　　）
③（　　　　）

(3) 右のグラフは，あるカードの発行枚数と利用額を示しています。発行した会社が代金を一時的に立て替えるしくみのこのカードを何といいますか。（　　　　）

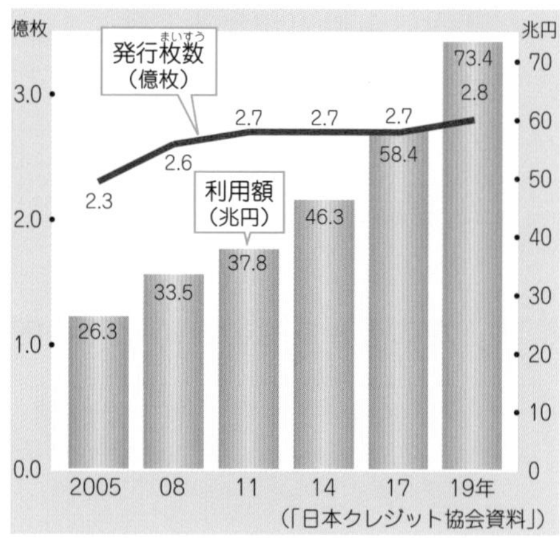

(4) 商品が生産者から消費者に届くまでの流れを何といいますか。（　　　　）

2 次の文を読んで，あとの問いに答えなさい。　5点×3(15点)

> ○訪問販売や電話勧誘のような不意打ち的な勧誘では，冷静に考える余裕もないまま［　］してしまいがちです。そのため，a特定の取引に限り，一定期間内であれば無条件で［　］を解除できる特別な制度があります。
>
> ○b商品の欠陥によって消費者が損害を受けた場合，たとえ企業に過失がなくても，製造者である企業に被害の救済が義務づけられています。

(1) 文中の［　］に共通してあてはまる語句を，次から選びなさい。

［　売却　消費　契約　出資　］（　　　　）

(2) 下線部aの制度を何といいますか。（　　　　）

(3) 下線部bを定めた法律名を漢字で答えなさい。（　　　　）

3 右の図を見て，次の問いに答えなさい。 5点×6(30点)

(1) **図**中の**A**～**C**にあてはまる語句をそれぞれ答えなさい。

A（　　　　　　）
B（　　　　　　）
C（　　　　　　）

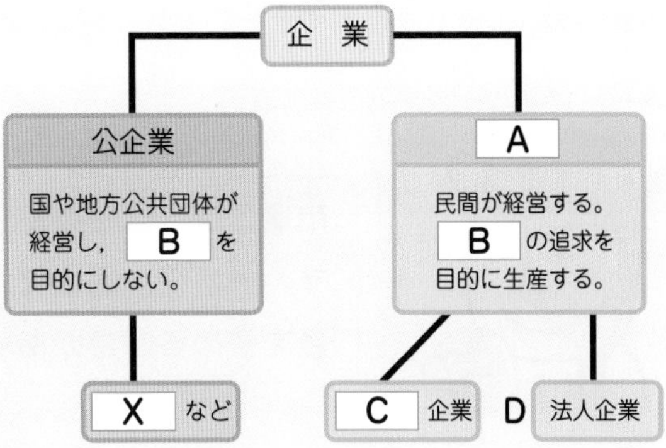

企　業
公企業
国や地方公共団体が経営し，B を目的にしない。
A
民間が経営する。B の追求を目的に生産する。
X など
C 企業
D 法人企業

(2) **図**中の**X**にあてはまらないものを，次から1つ選びなさい。（　　　）

ア 米農家　**イ** 国有林野
ウ 水道事業　**エ** 国民生活センター

(3) **図**中の**D**の法人企業の中でも代表的な株式会社について述べた次の文のうち，正しいものを1つ選びなさい。（　　　）

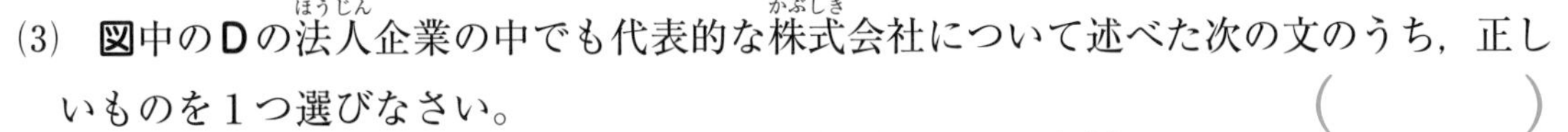

ア 株式会社が利益を上げると，すべての株主は同額の配当を受け取ることができる。
イ 株式は，会社の業績や景気に関係なく，一定の価格で取り引きされる。
ウ 企業が発行したすべての株式は，証券取引所で売買されている。
エ 株式会社は，株式を発行することで，多くの人から資金を集めることができる。

(4) 株主となった人が出席して，会社の経営方針や役員の選任などに関する議決を行うことができる機関を何といいますか。（　　　　）

4 右のグラフを見て，次の問いに答えなさい。 5点×4(20点)

(1) 右のグラフは，男女別・年齢別労働力率を表しています。**A**，**B**のうち，女性を示しているのはどちらですか。（　　　）

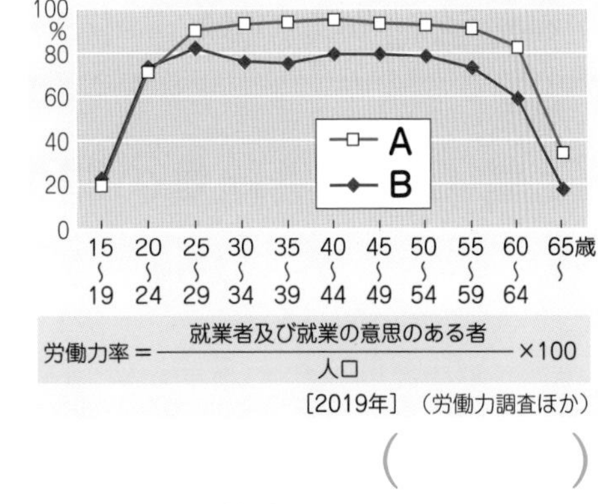

(2) 近年，ある年代の労働力を確保するため，事業所内に保育施設を設置する企業が増えています。あてはまる年代を，次から選びなさい。

ア 15～29歳の男性　**イ** 30～44歳の男性
ウ 30～44歳の女性　**エ** 45～59歳の女性

（　　　）

(3) 次の文の①，②にあてはまる法律名を，あとからそれぞれ選びなさい。

労働時間，休日，賃金などの最低基準を定めた法律が ① であり，労働者が自主的に労働組合を結成することや，団体で行動しストライキを行うことなどを保障しているのが ② である。

[　労働組合法　労働基準法　労働関係調整法　消費者契約法　]

①（　　　　　）②（　　　　　）

28 市場と価格の働き

市場には，価格を動かす働きがあります。一方で，価格には，生産量や消費量を決める働きがあります。

さまざまな価格			
小売店の経費と利益			小売価格
卸売業者の経費と利益		卸売価格	小売価格
生産者の経費(原材料費，労働者の賃金，管理費など)と利益など	生産価格	卸売価格	小売価格

1 価格が決まるしくみ

市場価格

自由な市場で，需要と供給の関係によって決まる価格。消費者が買いたい量が需要量，生産者が売りたい量が供給量です。

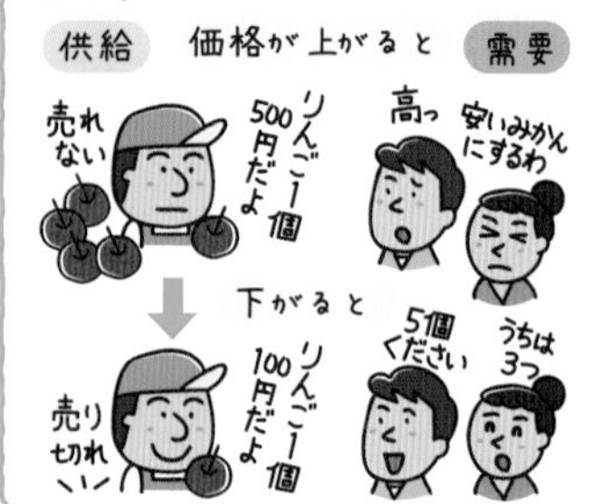

公共料金

国民生活への影響を考えて，国や地方公共団体が管理する価格もあります。電気や水道の料金は，公共料金です。

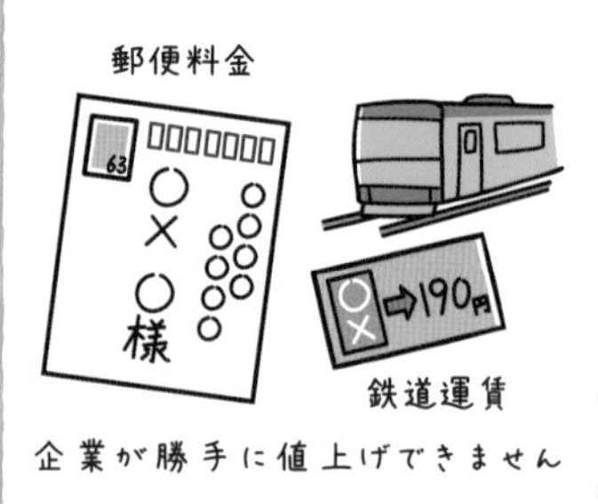

独占

ものやサービスの生産や販売を限られた企業が支配し，競争がなくなる状態のことです。独占企業が一方的に決める価格を，独占価格といいます。

2 需要量と供給量の関係で変化する価格

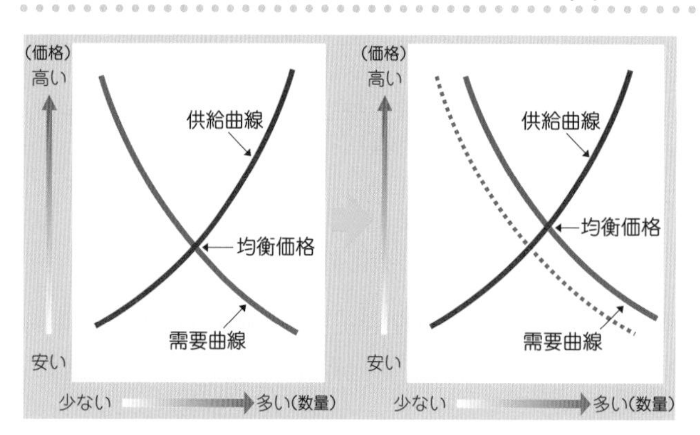

需要量と供給量が一致したときの価格を均衡価格といいます。

左の図のように，供給量が変わらないままで需要量が増えると，価格は上昇します。需要量が変わらないで，供給量が減っても，価格は上昇します。どんなときに価格は下がるでしょうか。

公民のひとこと 独占を防ぐための法律は？

独占禁止法。公正取引委員会が運用にあたる。

覚えたい3つのことば

均衡価格　独占価格　公正取引委員会

➡答えは別冊 p.12

1 次の[　　]にあてはまる語句をあとから選びなさい。

(1) 自由な市場で，需要量と供給量が一致したときの価格を[　　　　]価格といいます。

(2) 自由な競争がない状態で，企業が一方的に決める価格を[　　　　]価格といいます。

(3) 電気や水道などの料金は[　　　　]料金といって，国や地方公共団体が管理しています。

[　卸売　独占　均衡　小売　特別　公共　]

2 次のグラフは，価格が動くしくみを示しています。あとの問いに答えなさい。

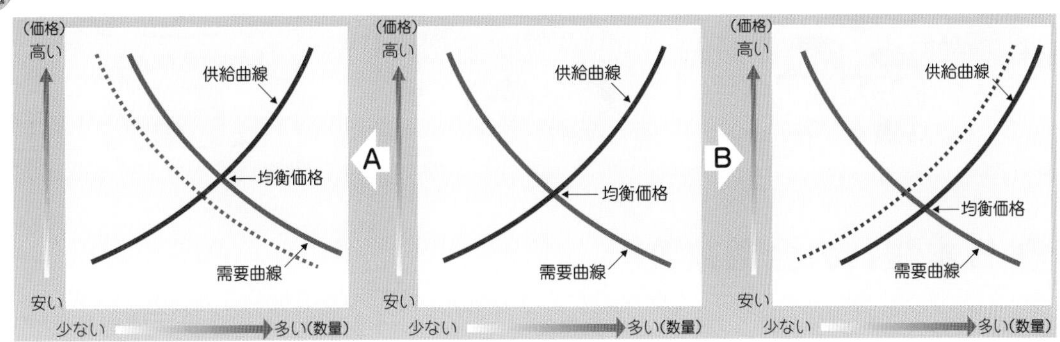

(1) A，Bの変化について説明した次の文の①～④にあてはまる語句を，供給･需要･上･下の中からそれぞれ選びなさい。

Aは[①]量だけが増えたため，価格が[②]がることを示し，Bは[③]量だけが増えたため，価格が[④]がることを示している。

①[　　　　]　②[　　　　]　③[　　　　]　④[　　　　]

(2) 市場における自由な競争をうながす目的で独占禁止法が制定されています。この運用を行う機関を何といいますか。

[　　　　]

29 貨幣と金融

お金に余裕(よゆう)のある家計や企業(きぎょう)と，お金を必要としている家計や企業などとが，たがいにお金を貸し借りする関係を**金融**(きんゆう)というんだね。

日本銀行本店

1 金融の働き

貨幣(かへい)

貨幣とは，「お金」のこと。商品の売買は，貨幣を仲立ちにして行われます。

金融機関

家計や企業などとお金の橋渡しをする，銀行や信用金庫のような機関を金融機関といいます。

日本銀行

日本の中央銀行です。普通(ふつう)銀行などと違って，特別な役割をもっています。

2 日本銀行の金融政策

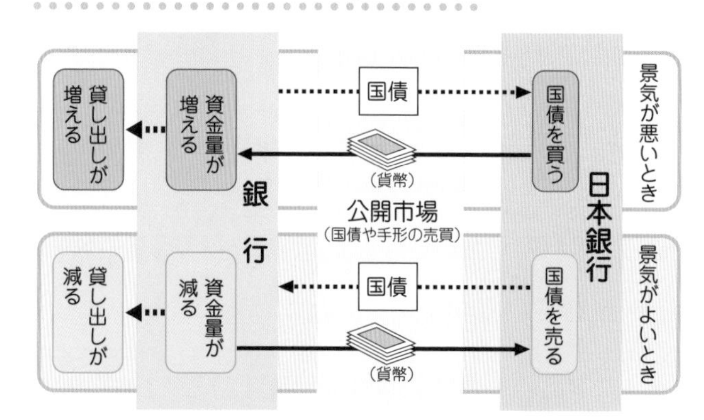

日本銀行は，経済状態を安定的なものにするために，左の図のような独自の**金融政策**(きんゆうせいさく)も行っています。

景気が悪いときは，国債(こくさい)を買って出まわるお金の量を増やし，家計や企業がお金を借りやすくします。景気の過熱(かねつ)を抑えるときは，この逆をします。

公民のひとこと 貨幣の３つの役割とは？

交換，価値の尺度，貯蔵(財産としてたくわえておくことができる)

覚えたい3つのことば

金融機関　日本銀行　金融政策

➡答えは別冊 p.12

1 次の□にあてはまる語句をあとから選びなさい。

(1) お金の貸し借りの橋渡しをする，銀行や信用金庫などを□機関といいます。

(2) お金の借り手は，一定期間後，借り入れたお金と□を貸し手に支払わなければなりません。

[元金　利子　預金　金融　公的　行政]

2 次の図は，銀行や日本銀行などの働きを示しています。あとの問いに答えなさい。

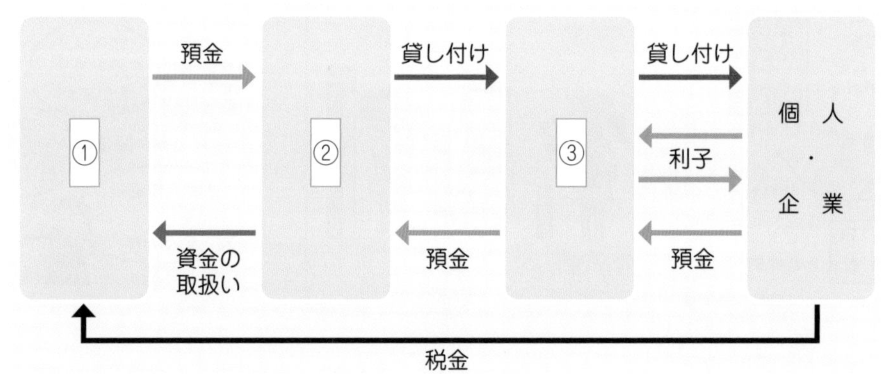

(1) 紙幣(しへい)を発行したり，政府の資金の出し入れを行ったりする，国の金融の中心としての役割を果たす銀行を何といいますか。日本では，日本銀行がこれにあたります。□

(2) ①～③には，銀行，日本銀行，政府のいずれかがあてはまります。それぞれ選んで答えなさい。

①□　②□　③□

(3) 景気の変動に対応し，経済を安定化させるため，銀行の資金量を変化させるなどの政策を日本銀行が行います。こうした政策を何といいますか。□

30 税と公債

政府の経済活動①

国や地方公共団体が収入を得て，社会保障などの支出を行う経済活動を**財政**といいます。しかし，収入のすべてを**税金**だけでまかなうことが難しい現状です。

国債

1 税のしくみ

直接税と間接税

納税者と実際に税を負担する人が一致するのが直接税，一致しないのが間接税です。

累進課税

所得税には，所得が多くなればなるほど税率が高くなるという，累進課税の方法がとられています。

公債(国債と地方債)

国の歳入の不足を補うために発行される債券(借金)です。国の場合は国債，地方公共団体の場合は地方債といいます。

2 国の歳入と歳出

[国の歳入] 総額97兆7128億円

所得税	消費税	法人税	相続税	その他の租税	印紙収入	公債金	その他
19.5%	18.0	12.5	2.3	7.0	1.1	34.5	5.1

租税・印紙収入：所得税～印紙収入

[2018年度当初予算]

[国の歳出] 総額97兆7128億円

社会保障関係費	国債費	地方交付税交付金など	文教および科学振興費	公共事業関係費	防衛費	その他
33.7%	23.8	15.9	5.5	6.1	5.3	9.7

政府の収入を**歳入**，支出を**歳出**といいます。

社会保障関係費などの歳出の増加によって，深刻な**財政赤字**が続いています。国債の返済や利子の支払いに必要な**国債費**も，財政を圧迫しています。

公民のひとこと　「公債金」と「国債費」のちがい

公債金は，歳入の項目の一つ，国債費は，歳出の項目の一つ。

覚えたい3つのことば

所得税　累進課税　国債

➡答えは別冊 p.12

1 次の□にあてはまる語句をあとから選びなさい。

(1) 国や地方公共団体が，税金などの収入をもとに行う経済活動を□といいます。

(2) 国の歳出にしめる□関係費の割合は，約3割です。

(3) 国の借金にあたる□の残高が，2019年には約900兆円に達しています。

[公共事業　社会保障　防衛　金融　財政　国債]

2 次の図は，おもな税金を示しています。あとの問いに答えなさい。

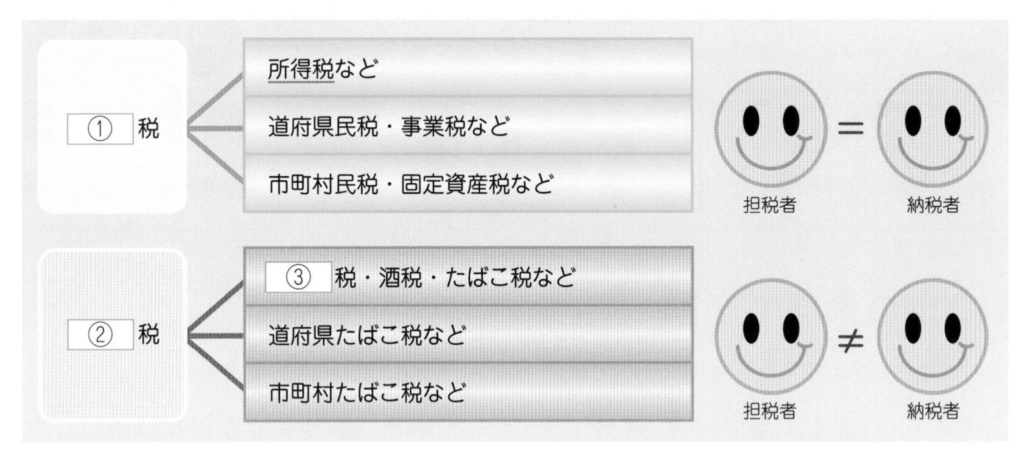

(1) ①～③にあてはまる税の種類や名称を，あとからそれぞれ選びなさい。

① □　② □　③ □

[消費　法人　直接　間接　相続　自動車]

(2) 下線部の所得税は，所得が多くなればなるほど，税率が高くなる方法がとられています。このような課税方法を何といいますか。□

31 景気と財政

政府の経済活動②

社会資本の整備や**医療**・教育などの**公共サービス**の提供，社会**保障**のための支出のほか，政府は景気の変動を調整するための役割も果たしています。

石油危機のときのパニック

1 景気の変動と政府の役割

景気の変動

経済が順調な時期を好景気，停滞している時期を不景気といいます。好景気と不景気を交互に繰り返すことを景気の変動といいます。

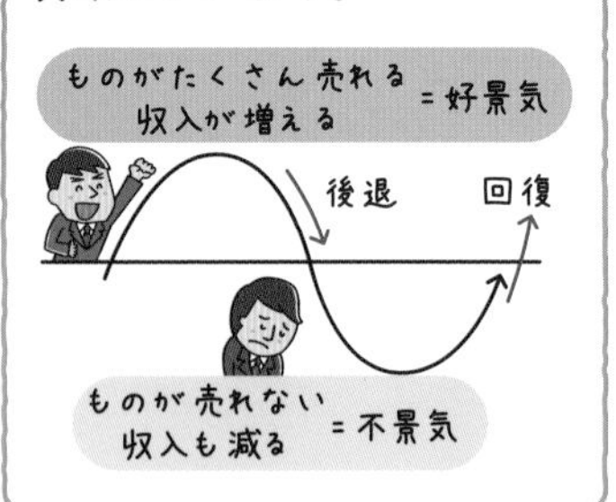

財政政策

財政の活動を通じて，景気の変動を調節し，経済の安定化を図ることです。公共事業の増減や減税・増税がおもな政策です。

インフレとデフレ

インフレーション（インフレ）は，物価が継続的に上がり，貨幣価値が下がる現象。デフレーション（デフレ）は逆に，物価が継続的に下がる現象。

2 日本の景気の変動

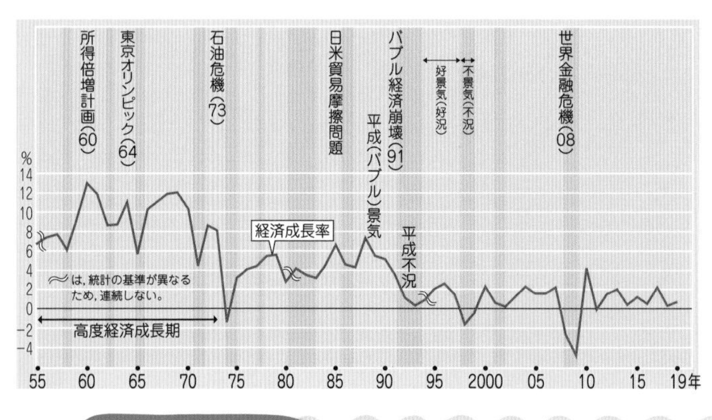

経済成長率とは，国民総生産が前年よりどれだけ成長したかを示す数字です。**石油危機**後の不況は，省エネや低コスト化，経営の合理化で抜け出しました。**バブル崩壊**後，景気の低迷は続いています。

公民のひとこと　国内総生産（GDP）と国民総生産（GNP）のちがいは？

GDPは，日本国内で生み出されたもの・サービスの合計。

覚えたい3つのことば

財政政策　　インフレ　　デフレ

➡答えは別冊 p.12

1 次の□にあてはまる語句をあとから選びなさい。

(1) 道路や港湾など，民間企業(きぎょう)では供給されにくい公共施設を［　　　　］といい，国や地方公共団体が公共事業として整備しています。

(2) 国が公共事業を増減させたり，増税や減税を行ったりする［　　　　］政策は，景気の変動を調整することをねらいとしています。

(3) 日本は1970年代におこった［　　　　］を乗り越え，1990年ころまで安定した経済成長を続けました。

［　金融　財政　バブル崩壊　石油危機　社会保障　社会資本　］

2 次の図は，景気の変動を示しています。あとの問いに答えなさい。

A の増加・上昇
好景気
景気の ①
B の増加
不景気
景気の ②

(1) Aではなく，Bにあてはまる語句を，次から選びなさい。［　　　　］

［　生産　消費　失業者　賃金　］

(2) ①，②にあてはまる語句を，次から選びなさい。

①［　　　　］

②［　　　　］

［　停滞　加熱　回復　後退　］

(3) 不景気のときに，所得が減って消費が低迷し，物価が継続的に下がる現象がおこる場合があります。この現象を何といいますか。［　　　　］

32 社会保障のしくみ

けがや病気，老齢や失業などで，個人の生活が困難になる場合があります。こうした問題に，**個人**ではなく**社会全体の負担**で対処しようとするのが**社会保障**という制度です。

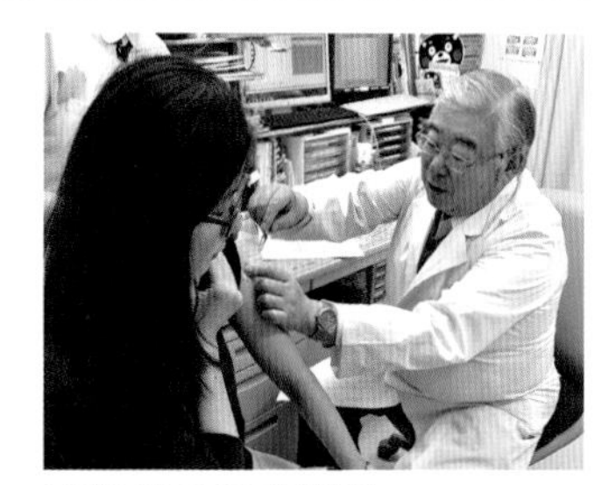
感染症の予防接種

1 社会保障制度で守られるもの

日本の社会保障制度

すべての国民が健康で文化的な最低限度の生活（憲法第25条・生存権）を送れるようにするために，国が社会保障のしくみを整備しています。

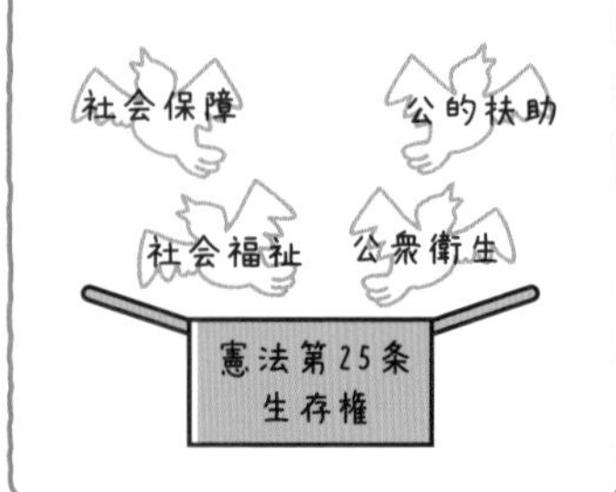

社会保険

毎月，保険料を支払い，高齢になったときや病気になったときなどに給付を受けるしくみで，年金保険，医療保険（健康保険）などがあります。

社会福祉

障がいのある人や高齢者など，働くことが困難で社会的に弱い立場の人々に生活の保障や支援のサービスを行うしくみです。

2 社会保障の種類別の仕事

社会保険	公的扶助	社会福祉	公衆衛生
医療保険	生活保護	老人福祉	感染症対策
介護保険	生活扶助	児童福祉	上下水道整備
年金保険	住宅扶助	母子福祉	廃棄物処理
雇用保険	教育扶助	障がい者福祉	公害対策
労災保険	医療扶助		

公的扶助は，**生活保護法**にもとづき，収入が少なく生活に困っている人に生活費や教育費などを支給するしくみです。

公衆衛生は，国民の健康を増進し，感染症の予防などを行うしくみです。

公民のひとこと　日本の社会保障制度の４つの柱

社会保険，公的扶助，社会福祉，公衆衛生

覚えたい3つのことば

社会保険　社会福祉　公的扶助

➡答えは別冊 p.13

1 次の［　　］にあてはまる語句をあとから選びなさい。

(1) 社会保障制度は，国民が健康で文化的な［　　　　］の生活を営むために，国が整備しているものです。

(2) 社会保障制度のうち，［　　　　］とは，保険料を支払って必要なときに給付を受ける制度です。

(3) 生活に困っている人々に生活費や教育費などを支給するのが［　　　　］です。

［　社会保険　公的扶助　公衆衛生　最低限度　最高水準　］

2 次の図は，日本の社会保障制度を示しています。あとの問いに答えなさい。

社会保険	［①］保険・介護保険・年金保険・雇用保険など
公的扶助	［②］保護→［②］扶助・教育扶助・［①］扶助など
公衆衛生	［③］対策・廃棄物処理・公害対策など
（　　）	老人福祉・障がい者福祉・児童福祉など

(1) ①～③にあてはまる語句を，あとからそれぞれ選びなさい。

①［　　　　］　②［　　　　］　③［　　　　］

［　生活　住宅　医療　感染症　］

(2) （　　）にあてはまる，日本の社会保障制度の４つの柱の１つを答えなさい。［　　　　］

(3) 日本の社会保障給付費のうち，最も金額が多いものを，介護・年金・福祉・医療の中から１つ選びなさい。［　　　　］

33 社会保障の問題点

日本の社会保障制度②

平均寿命が長い日本では，高齢でも安心してくらせる**福祉社会**の実現が求められています。しかし，**財源不足**の問題が大きく立ちはだかっています。

高齢者の福祉施設

1 社会保障を充実させるために

少子高齢化と社会保障

少子高齢化の進行で，医療費や年金給付額は増えていますが，それをまかなうための保険料や税収が減少しています。

私たちの老後の年金って大丈夫なの
う～ん
不安

介護保険

40歳以上の人が加入し，介護が必要になったときに介護サービスを受けられるしくみのことです。

今日はお風呂に入りましょうね
ありがとう

国民年金

国民年金には，全員加入の基礎年金のほか，会社員が加入する厚生年金，公務員が加入する共済年金があり，基礎年金に上乗せして支給されます。

2 世界と比べてみた日本の社会保障

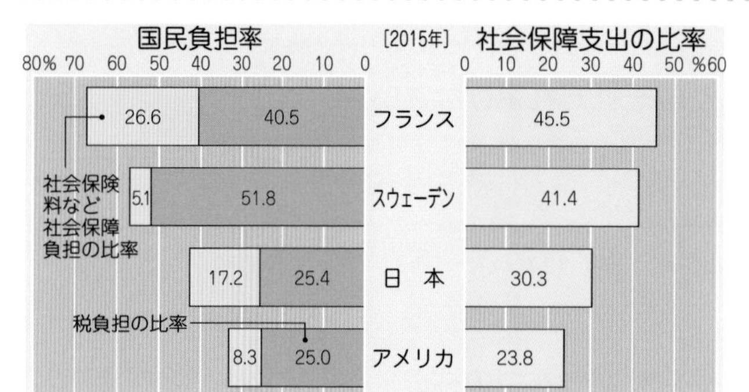

国民負担率とは，国民の税や社会保障費の負担が，国民所得にしめる割合のことです。日本に比べると，スウェーデンやフランスの国民負担率はとても高いことがわかります。

充実した社会保障は，国民の重い税負担によって支えられているのです。

公民のひとこと 社会保障の財源は消費税で

2012年に成立した消費税増税法は，社会保障の財源確保を目的としている。

覚えたい3つのことば
介護保険　介護サービス　国民年金

➡答えは別冊 p.13

1 次の□にあてはまる語句をあとから選びなさい。

(1) 世界には，スウェーデンのように，国民の重い[　　　]の負担によって充実した社会保障が行われている国があります。

(2) 2000年から始まった保険制度は，40歳以上の人が加入し，[　　　]が必要になったときにサービスを受けられるというものです。

[医療　生活保護　介護　労働力　年金　税金]

2 次の図は，国民年金のしくみを示しています。あとの問いに答えなさい。

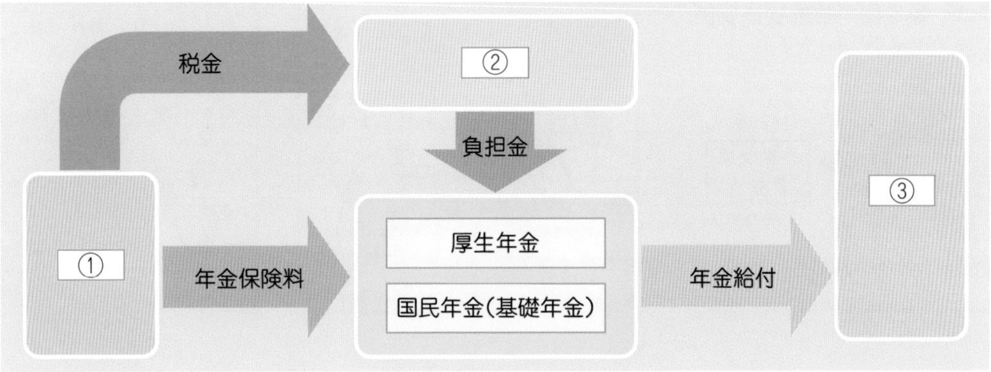

(1) ①～③にあてはまる語句を，あとからそれぞれ選びなさい。

①[　　　]　②[　　　]　③[　　　]

[国　社会福祉施設（ふくししせつ）　子ども世代　年金世代　現役世代]

(2) 次の文の**A**～**C**にあてはまる語句を，それぞれ漢字２字で答えなさい。

少子[A]化が進む日本では，労働力人口が減るため，増え続ける医療費や[B]給付額をまかなうための[C]料と税収が不足するおそれがあります。

A[　　　]　B[　　　]　C[　　　]

34 公害と環境

公害は，経済活動によって起こる環境破壊のことです。日本では，1960年代の高度経済成長期に起こった公害により，多数の被害者が生まれています。

水俣病裁判の原告

1 健康で持続可能なくらしのために

四大公害病

高度経済成長期に深刻化したイタイイタイ病，水俣病，四日市ぜんそく，新潟水俣病を四大公害病といいます。裁判では，患者側が勝訴しました。

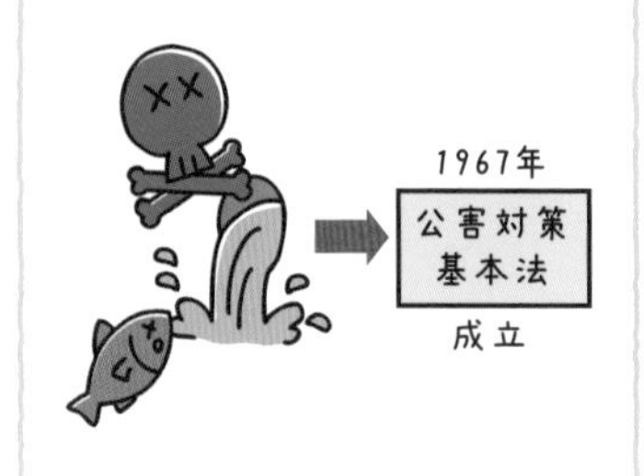

環境保全の取り組み

環境保全に対する社会全体の責務を明らかにする法律として，1993年に環境基本法が制定されました。

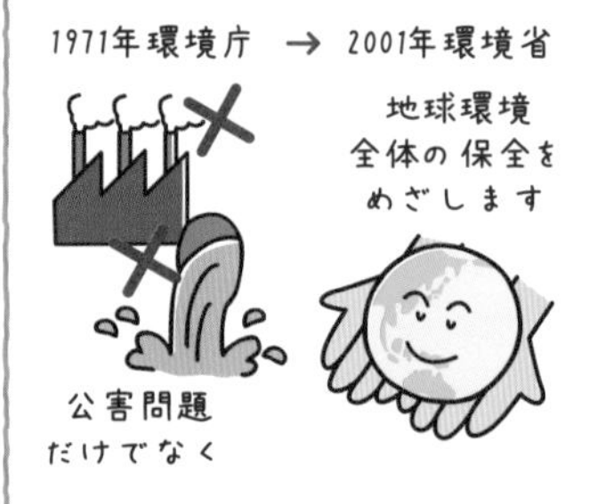

循環型社会

これまで廃棄していたものをできるだけ資源として再利用(リユース)，再生利用(リサイクル)する社会のことです。

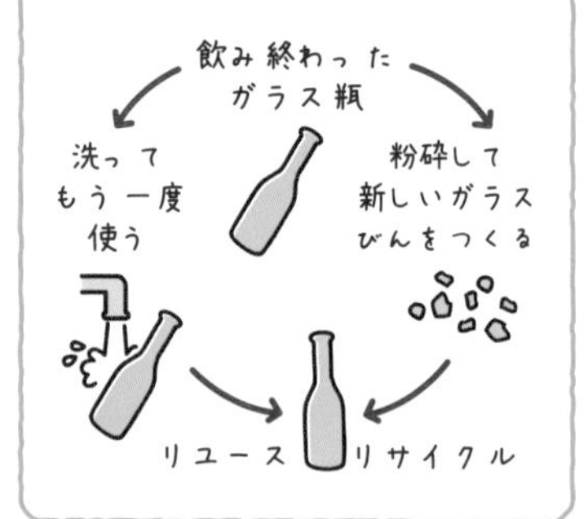

2 四大公害病のおもな原因とその裁判

	新潟水俣病（新潟県）	四日市ぜんそく（三重県）	イタイイタイ病（富山県）	水俣病（熊本県）
発生年	1964年ごろ	1960年ごろ	1922年ごろ	1953年ごろ
原因	水質汚濁（有機水銀）	大気汚染（亜硫酸ガス）	水質汚濁（カドミウム）	水質汚濁（有機水銀）
提訴	1967年６月	1967年９月	1968年３月	1969年６月
判決	患者側全面勝訴			

高度経済成長期に工場から有害物質が処理されずに大気や河川，海に排出された結果，環境が汚染され，四大公害病が発生しました。土壌汚染や騒音，地盤沈下の被害も各地で起こりました。

公民のひとこと　家電リサイクル法対象の家電製品

テレビ，エアコン，冷蔵庫，洗濯機。

覚えたい3つのことば

公害　環境基本法　循環型社会

➡答えは別冊 p.13

1 次の［　　］にあてはまる語句をあとから選びなさい。

(1) 四大公害病のうちの２つが，九州と新潟で発生した［　　　　］です。

(2) 四大公害病のうちの１つである四日市ぜんそくは，［　　　　］によって発生した公害病です。

(3) ペットボトルや古新聞などを資源として再生利用することを［　　　　］といいます。

［　大気汚染　水質汚濁（おだく）　リユース　リサイクル　イタイイタイ病　水俣病　］

2 次の図は，資源を有効に使う社会の様子を示しています。あとの問いに答えなさい。

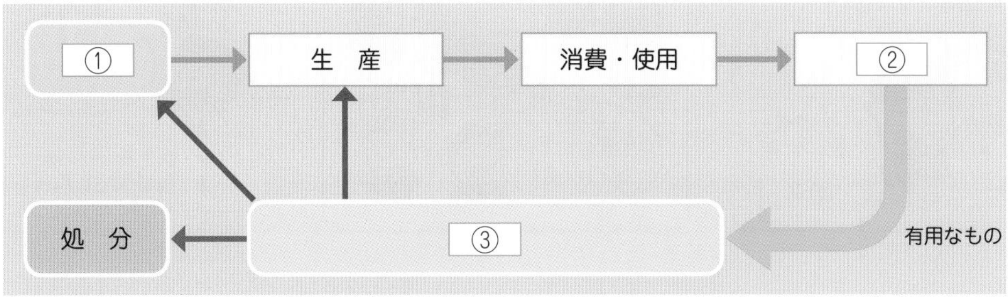

① →	生　産 →	消費・使用 →	②
処　分 ←	③	←（有用なもの）	

(1) ①～③にあてはまる語句を，あとからそれぞれ選びなさい。

①［　　　　］　②［　　　　］　③［　　　　］

［　焼却（しょうきゃく）　廃棄　処理　原材料　］

(2) 1993年に制定された，環境保全についての総合的な法律を，次から選びなさい。

［　公害対策基本法　家電リサイクル法　環境基本法　］［　　　　］

(3) 図で示したようなことを実行して，廃棄物を減らし，資源を有効に利用して環境に負荷をかけないことをめざす社会を何といいますか。［　　　　］

35 世界と日本経済

日本経済の問題点②

経済の**グローバル化**で，ものや資本が国境を越えて自由に移動するようになりました。激しい**国際競争**によって，さまざまな課題も起こっています。

中国で操業する日本企業の工場

1 グローバル化と日本経済

為替相場と円高・円安

日本の「円」と外国のお金(通貨)を交換するときの比率を為替相場といいます。円の価値が高くなるのが円高，低くなるのが円安です。

産業の空洞化

製造業の企業が，工場を海外に移転させ，国内産業がふるわなくなってしまうことです。円高の影響も大きいです。

日本の食料自給率

外国産の安い農産物や魚介類の輸入が増えたため，日本の食料自給率は低下しています。

2 円高・円安の影響

円高 1ドル=80円

1万円のおこづかいで海外旅行に行ったら

円安 1ドル=120円

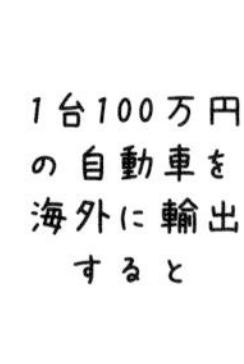

1台100万円の自動車を海外に輸出すると

海外旅行では，**円高**になると，円をより多くのドルと交換できるので，お得です。逆に，海外に輸出する業者は，ドルで買ってもらうので，交換できる円が少なくなって損します。

円安の場合は，日本にとって輸入は不利に，輸出は有利になります。

公民のひとこと 昔の為替相場は1ドルいくら？

1949～1973年までは1ドル360円に固定されていた(固定相場制)。

覚えたい3つのことば
円高　円安　産業の空洞化

➡答えは別冊 p.13

1 次の［　　］にあてはまる語句をあとから選びなさい。

(1) 日本は工業製品の輸出が増える一方，農産物の輸入も増え，［　　　　］が低くなっていることが食の安全上，課題になっています。

(2) 円高の影響もあり，海外に工場を移転する企業が増え，［　　　　］が問題になっています。

(3) 円とドルのように異なるお金の交換比率のことを［　　　　］といいます。

［　失業率　食料自給率　為替相場　貿易摩擦（まさつ）　産業の空洞化　］

2 次の各文は，円高・円安とその影響を示しています。あとの問いに答えなさい。

○　1ドル＝90円が，1ドル＝95円になることを［ A ］という。

○　円が買われ，ドルが売られると，ドルに対する円の価値が高まり，［ B ］になる。

○　円高になると，輸出でかせいでいる製造業にとっては，［ C ］になる。

○　円安になると，海外旅行に行き，現地で買い物をする人には［ D ］になる。

(1) A，Bには，円高・円安のうち，それぞれ，どちらがあてはまりますか。

A［　　　　］　B［　　　　］

(2) C，Dには，有利・不利のうち，それぞれどちらがあてはまりますか。

C［　　　　］　D［　　　　］

(3) 外国から日本に旅行に来て買い物をする人が，同じ予算(自国のお金)でたくさんのものが買えるのは，円と自国のお金との関係が円高・円安のうち，どちらのときですか。［　　　　］

まとめのテスト

勉強した日　　月　　日　得点　　／100点

➡答えは別冊 p.14

1 右の資料を見て，次の問いに答えなさい。 5点×6(30点)

(1) 台風の被害によって，野菜の出荷量が**資料1**のグラフのXからYに変化し，需要量が変わらない場合，価格はどうなりますか。次の①，②にあてはまるものを，あとからそれぞれ選びなさい。

需要 ① 供給となり，　①(　　　　)

価格は ② がる。　②(　　　　)

[　＜　＞　上　下　]

資料1

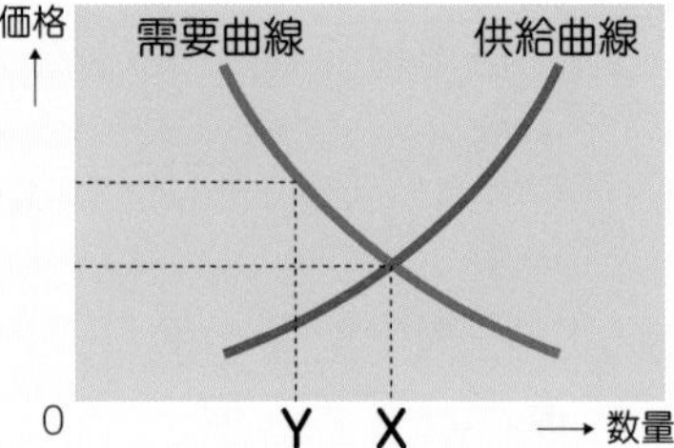

(2) **資料2**の製品A～Cのうち，最も生産の集中が進んでいると考えられるのはどれですか。(　　　　)

資料2

製品A：18.2%，28.7，23.1，30.0
製品B：16.3%，24.1，15.5，44.1
製品C：37.1%，23.2，21.1，18.6

■1位の会社　□2・3位の会社　□4・5位の会社　□それ以外の会社

(3) 生産の集中が進んだ市場での問題点と対策を述べた次の文の①，②にあてはまる語句を答えなさい。①(　　　　)　②(　　　　)

> 少数の企業が市場を独占すると，価格面での競争が起こりにくくなり，消費者の利益が損なわれる可能性があります。これを防ぐために ① 法が制定され，この法律を運用し独占を監視する機関として， ② 委員会がおかれています。

(4) 鉄道や電気などの料金のように，国民生活に与える影響が大きいことから，国などによって適切な水準で管理されている料金を何といいますか。(　　　　)

2 一般会計税収の推移を示した右の資料を見て，次の問いに答えなさい。 5点×4(20点)

(1) **グラフ**中のA，Bは直接税で，Cは間接税です。Aには，累進課税のしくみがとられています。AとCにあてはまる税は何ですか。

A(　　　　)　C(　　　　)

(2) 景気の後退期の景気対策を次から2つ選びなさい。(　　　　)(　　　　)

ア　日本銀行が一般の銀行から国債を買う。

イ　日本銀行が一般の銀行に国債を売る。

ウ　政府が財政支出を減らす。　**エ**　政府が財政支出を増やす。

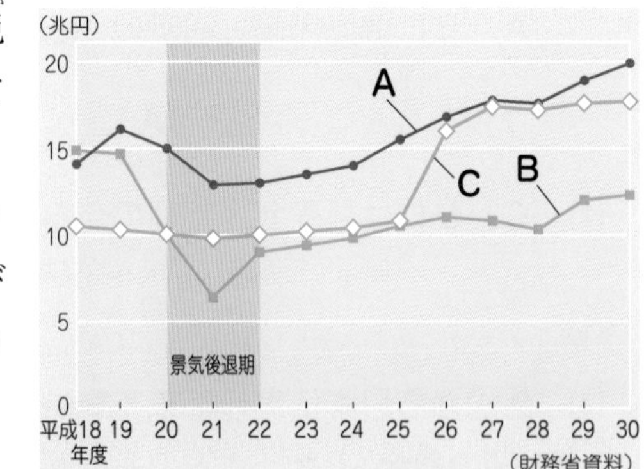

3 右のグラフを見て，次の問いに答えなさい。
5点×5(25点)

(1) 次の文のA，Bにあてはまる語句をあとからそれぞれ選びなさい。

右のグラフのように人口構成が変化すると，公的年金制度では，給付額の総額が［A］するため，働く世代の負担が［B］なる。

［　増加　減少　軽く　重く　］

A（　　　　）　B（　　　　）

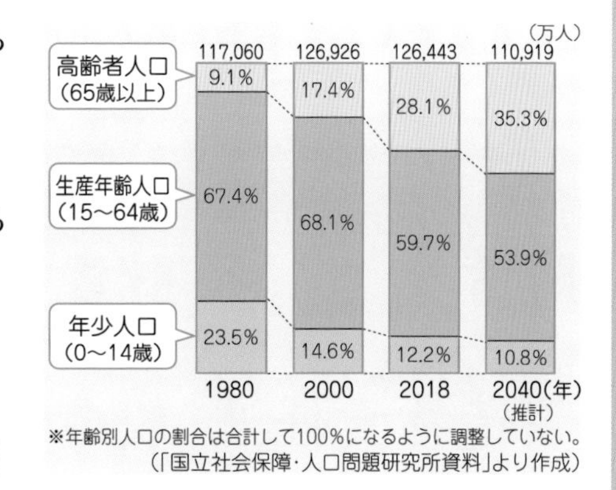

※年齢別人口の割合は合計して100%になるように調整していない。
（「国立社会保障・人口問題研究所資料」より作成）

(2) 日本の社会保障制度の4つの柱のうち，加入者などの積み立てに基づいて，必要なときに給付を受ける制度を何といいますか。（　　　　）

(3) 次の文のC，Dにあてはまる語を，あとから選びなさい。

右のマークは［C］型社会の形成に向け，消費者がごみを出すときに簡単に［D］できるよう，法律によって製品に表示することが義務づけられています。

アルミ　スチール

ア 持続　イ 循環　ウ 混合　エ 分別　C（　　　　）　D（　　　　）

4 次の問いに答えなさい。
5点×5(25点)

(1) 右のグラフは，2019年の1月から7月までの円のドルに対する交換比率の推移を月ごとに示したものです。次の文の①〜④にあてはまる語句や数字を答えなさい。

自国の通貨と他国の通貨の交換比率を［①］相場といい，グラフの期間では，［②］月の円の価値が最も下がっていました。外国の通貨に対して円の価値が下がることを［③］といいます。2019年の1月と7月を比べた場合，海外旅行での買い物が有利だったのは，［④］月の方です。

(円) 113 / 111 / 109 / 107
1月 108.97　2月 110.36　3月 111.22　4月 111.63　5月 109.76　6月 108.07　7月 108.23 (月)
（日本銀行資料）

①（　　　　）　②（　　　　）
③（　　　　）　④（　　　　）

(2) 右のグラフは，日本の企業が海外において生産した乗用車の台数と日本から輸出した乗用車の台数の推移を示しています。A，Bのうち，日本から輸出した乗用車の台数の推移を示しているのはどちらですか。なお，1990年から1995年にかけては，円高がかなり進んだ時期でした。（　　　　）

(万台) 500 / 400 / 300 / 200 / 100 / 0
1990　91　92　93　94　95(年)
A　B
（「日本の自動車工業」により作成）

特集 重要語句を書こう

★なぞってから右のわくに書いてみよう。

語句（読み）	なぞり書き	意味
貯蓄（ちょちく）	貯蓄	収入のうち銀行預金などにまわすお金。
製造物責任法（せいぞうぶつせきにんほう）	製造物責任法	製品の欠陥について企業の責任を規定。
株主総会（かぶぬしそうかい）	株主総会	株式会社の最高決定機関。
非正規雇用（ひせいきこよう）	非正規雇用	パート・アルバイト・派遣社員など。
需要と供給（じゅようときょうきゅう）	需要と供給	買いたい量と売りたい量のこと。
金融機関（きんゆうきかん）	金融機関	銀行などお金の貸し借りを行う機関。
累進課税（るいしんかぜい）	累進課税	所得が多いほど、税率が上がるしくみ。
財政政策（ざいせいせいさく）	財政政策	政府が行う景気対策。
公的扶助（こうてきふじょ）	公的扶助	生活に困っている人に生活費を支給。
公衆衛生（こうしゅうえいせい）	公衆衛生	感染症の予防など。
介護保険（かいごほけん）	介護保険	介護サービスを受けるための保険制度。
循環型社会（じゅんかんがたしゃかい）	循環型社会	廃棄物を最低限におさえる社会。
為替相場（かわせそうば）	為替相場	外国の通貨どうしの交換比率。

93ページの答え ①C ②B ③C

現代の国際社会 4

公民三択クイズ

①沿岸から200海里以内と定められているのは？

地図中の　の範囲。

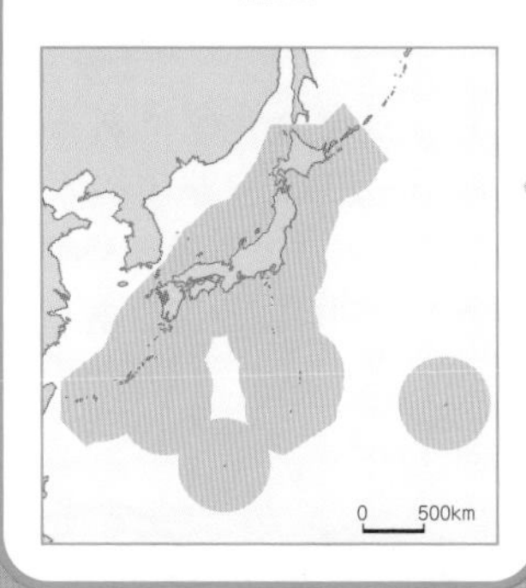

A 領海
B 領空
C 排他的経済水域

②国際連合で一部の国に拒否権が認められているのは？

A 総会
B 安全保障理事会
C 国際司法裁判所

拒否権を持つのは上の5か国。

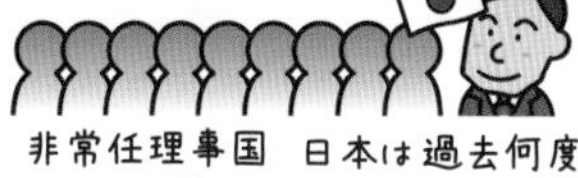

③日本の国際貢献と関係のない略語は？

「国民総生産」という意味の語がまじっています。

A ODA
B NGO
C GNP

➡答えは92ページに

36 国家のしくみと国際ルール

現代の国際社会①

世界の国々は，国を示すシンボルとして，国旗（こっき）と国歌を持っています。スポーツの世界でも，国旗や国歌に敬意を表し，お互いに尊重（そんちょう）し合っています。

護岸工事をした沖ノ鳥島

1 国際社会のルール

主権国家（しゅけんこっか）

国際社会を構成する単位で，次の３要素から成り立ちます。
①領域　②国民　③主権

排他的経済水域（はいたてきけいざいすいいき）

国の領海の外側にある，沿岸から200海里までの水域で，ここにある漁業資源や鉱産資源の権利は沿岸国にあります。

国際法

国と国の関係を定めるルールで，長い間の慣行が法となった国際慣習法（かんしゅうほう）と国と国とが結ぶ条約があります。

国際司法裁判所
国際法をめぐる争いを裁く

2 日本の領土をめぐる問題

　日本は，第二次世界大戦後にソ連が不法に占拠（せんきょ）した北方領土（ほっぽうりょうど）の返還（へんかん）をロシアに求めています。隠岐諸島（おきしょとう）の北西に位置する竹島（たけしま）も，日本固有の領土ですが，韓国（かんこく）が占拠しています。沖縄県（おきなわけん）先島諸島（さきしましょとう）の北に位置する尖閣諸島（せんかくしょとう）は日本の領土ですが，中国が領有を主張しています。

公民のひとこと 北方領土の島とは？
国後島（くなしりとう），択捉島（えとろふとう），歯舞群島（はぼまいぐんとう），色丹島（しこたんとう）

覚えたい3つのことば

排他的経済水域　国際法　北方領土

➡答えは別冊 p.14

1 次の□にあてはまる語句をあとから選びなさい。

(1) 国家の主権は，他国に支配されたり，［　　　　］されたりしない権利や他国と対等である権利からなっています。

(2) 国家を構成する３つの要素は，［　　　　］・国民・主権です。

(3) 国際慣習法や国と国とが結ぶ条約などを［　　　　］といいます。

［ 国際法　国際連合憲章（けんしょう）　干渉（かんしょう）　援助（えんじょ）　国旗　領域 ］

2 次の資料は，日本の領域と排他的経済水域を示しています。あとの問いに答えなさい。

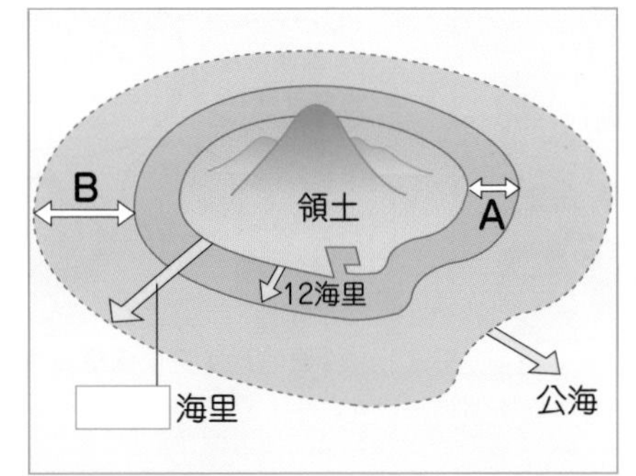

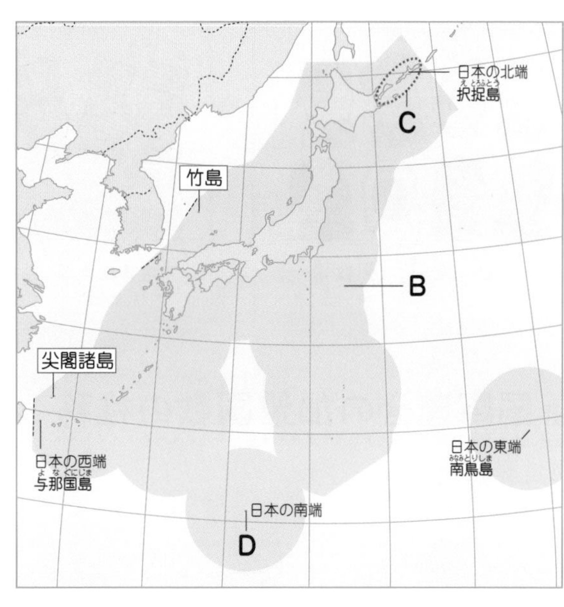

(1) 図中のAにあてはまる，沿岸から12海里の範囲（はんい）を何といいますか。

［　　　　］

(2) 図中のAの外側のBにあてはまる排他的経済水域は，沿岸から何海里までの範囲ですか。［　　　　］海里

(3) 地図中のCは，ロシアに占拠されている島々を示しています。日本固有のこの領土を何といいますか。［　　　　］

(4) 地図中のDは，Aや排他的経済水域を守るために，水没を防ぐ護岸工事が行われている，日本の南端の島です。この島を何といいますか。［　　　　］

37 国際連合のしくみと仕事

現代の国際社会②

1945年に国際連合憲章が採択され，戦争を防ぎ，世界の平和を維持することを最大の目的とした**国際連合**が誕生しました。

ニューヨークの国連本部

1 国際連合のおもな機関

総会

国際連合の全加盟国からなり，年１回開かれて，１国１票の投票権を持って採決します。

大国も小国も
平等に1票ずつ多数決

安全保障理事会

世界の平和と安全の維持を目的とする機関です。５か国の常任理事国と，10か国の非常任理事国で構成されます。

拒否権

安全保障理事会の常任理事国が持つ権限です。１国でも反対すると，可決されません。

X国はソ連の仲間だ
X国に制裁を！イギリスとフランスは賛成している
拒否する！
ソ連
アメリカ
冷戦時代は安全保障理事会が機能しなかった

2 国際連合の加盟国数の推移

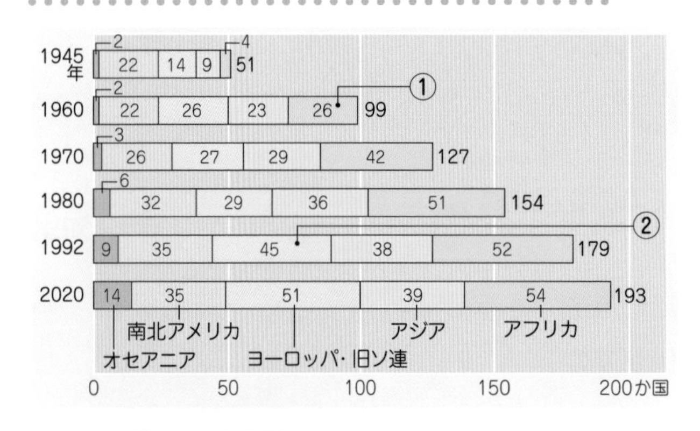

当初の加盟国は51か国でしたが，現在は190か国以上が加盟しています。

加盟国数が大幅に増えている①は，アフリカで多くの国が独立したため，②は1991年にソ連が解体し，ロシアやウクライナなどが独立国となったためです。日本は1956年に加盟しました。

公民のひとこと　PKOとは？

PKOは国際連合の平和維持活動（Peacekeeping Operations）のこと。

覚えたい3つのことば

総会　安全保障理事会　拒否権

➡答えは別冊 p.14

1 次の□にあてはまる語句をあとから選びなさい。

(1) すべての国連加盟国からなり，年１回定期的に開かれる［　　］では，１国１票の投票権が認められています。

(2) 世界の平和と安全を維持することを目的にしているのが［　　］で，常任理事国は５か国です。

(3) 紛争（ふんそう）地域における停戦（ていせん）の監視などを行う国連の［　　］には，日本の自衛隊も参加します。

[　経済社会理事会　安全保障理事会　総会　PKO　NPO　]

2 次の各グラフを見て，あとの問いに答えなさい。

①国際連合の加盟国数の推移

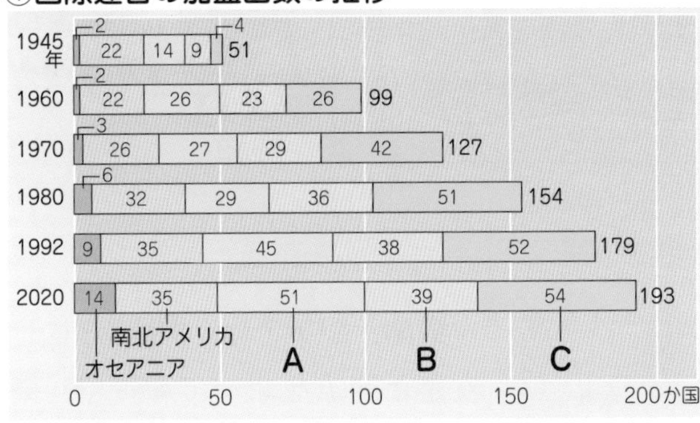

②国連の予算の分担率

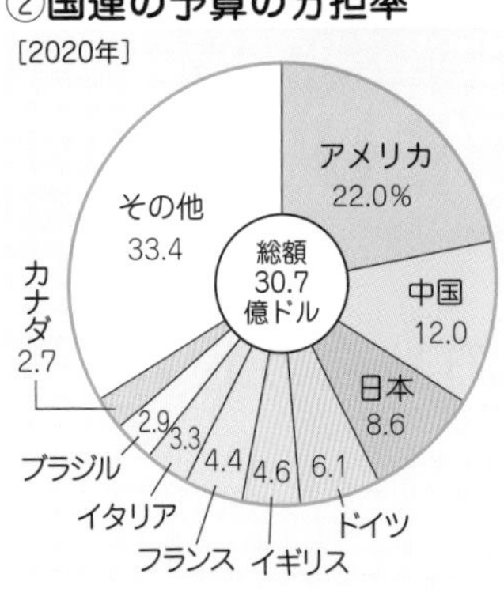

(1) ①のグラフのＡ～Ｃにあてはまる地域を，あとからそれぞれ選びなさい。

A［　　］　B［　　］　C［　　］

[　アジア　アフリカ　ヨーロッパ・旧ソ連　]

(2) ②のグラフ中の上位５か国のうち，安全保障理事会で拒否権を持っている国を，３つ選びなさい。

［　　］［　　］［　　］

38 多様化する国際問題

単に戦争がないという消極的平和ではなく，貧困や飢餓など，戦争の原因になるようなことがない，積極的平和をつくりあげてほしいです。

青年海外協力隊による国際貢献

1 積極的平和に向けて

地域主義

経済などの分野で，地域ごとに国どうしのつながりを密接にし，協力を強めようとする動きを地域主義といいます。

難民

民族紛争などの地域紛争や政治的な弾圧，差別などの理由で母国を追われ，他国に逃げている人々のことです。

日本の国際貢献

貧しい国の人々の生活をよくするための政府開発援助（ODA）や，世界唯一の被爆国としての核兵器の廃絶を求める運動などを行っています。

2 協力し合う世界の国々

- EU（27か国）
- APEC（21の国と地域）：ロシア　韓国　日本　中国　香港　台湾　オーストラリア　ニュージーランド　パプアニューギニア　ペルー　チリ
- ASEAN（10か国）：カンボジア　ラオス　ミャンマー
- ASEANとAPECの両方：タイ　インドネシア　シンガポール　ベトナム　マレーシア　フィリピン　ブルネイ
- NAFTA（3か国）（APECに含まれる）：アメリカ　カナダ　メキシコ

（2020年6月現在）

東南アジアでは，1967年に地域の安定と発展を求めてASEAN（東南アジア諸国連合）が創設されました。

太平洋沿岸地域では，APEC（アジア太平洋経済協力会議）が開催されています。

公民のひとこと　NGOとは？

NGOとは，非政府組織（Non Governmental Organization）のことです。

覚えたい3つのことば

地域主義　　難民　　政府開発援助

➡答えは別冊 p.15

1 次の［　］にあてはまる語句をあとから選びなさい。

(1) 1993年にヨーロッパで発足した［　　　　］では，経済以外の分野でも加盟国間の結びつきを強めています。

(2) 国連は，政治的な弾圧や紛争などのために国外へ逃げている［　　　　］を保護する活動を行っています。

(3) 日本政府は，発展途上国(はってんとじょうこく)の人々の生活を向上させるため，［　　　　］に取り組み，技術協力や資金協力を行っています。

［　多国籍軍(たこくせきぐん)　難民　EC　EU　NGO　ODA　］

2 次の図は，世界の協力関係を示しています。あとの問いに答えなさい。

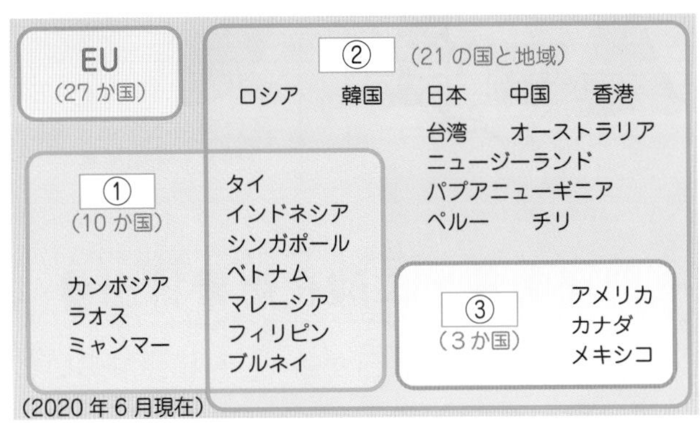

(1) ①～③にあてはまる国々の結びつきを，あとからそれぞれ選びなさい。

①［　　　　］　②［　　　　］　③［　　　　］

［　APEC　OPEC　ASEAN　NAFTA　UNESCO　］

(2) 図のように，経済や地域の発展のため，国どうしが会議を開いて方針(ほうしん)を決めたり，協定を結んだりして，協調や協力を強めようとする動きを何といいますか。

［　　　　］

39 国際問題と私たち

地球環境問題や**資源・エネルギー問題**は，先進国の一員である日本が率先して解決にあたらなければならないと思います。

酸性雨で枯れた森

1 さまざまな国際問題

地球環境問題

私たちの地球は，温暖化や砂漠化，森林減少の進行，大気汚染や酸性雨の発生，オゾン層の破壊など，さまざまな環境問題に直面しています。

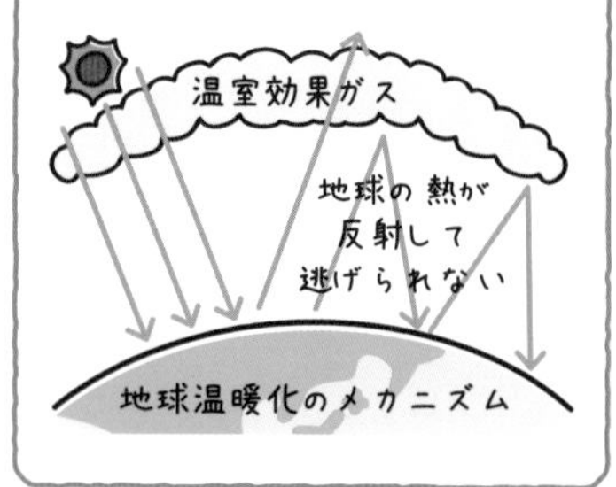

再生可能エネルギー

太陽光や風力，地熱，バイオマスなどの自然エネルギーのことです。石炭や石油，天然ガスなどの化石燃料は，埋蔵量に限りがある資源です。

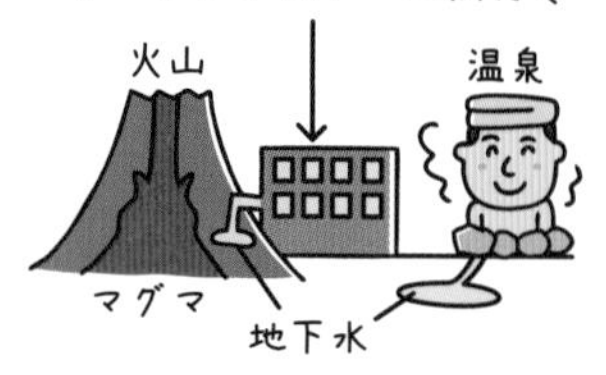

南北問題

発展途上国と先進国の経済格差を南北問題といいます。貧困や飢餓は深刻な問題です。

2 おもな国のエネルギー別発電量と二酸化炭素排出量

おもな国のエネルギー別発電量

アメリカ（火力・原子力）
中国（水力）
インド
ロシア
日本
ブラジル
フランス
サウジアラビア
地熱・風力ほか
[2016年] 0 100 200 300 400 500 600 700（100億kWh）
（「世界国勢図会2019/20」）

世界の二酸化炭素排出量

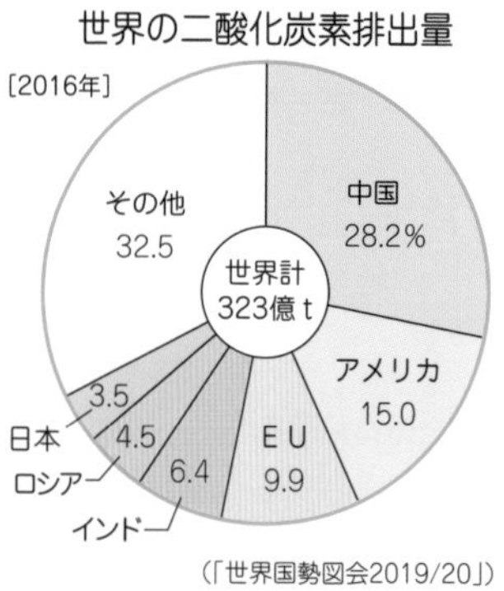

（「世界国勢図会2019/20」）

人口が多く，経済発展のいちじるしい中国やインド，工業がさかんなアメリカや日本，ＥＵなどで多くのエネルギーが消費されています。日本は，二酸化炭素の排出量が少ない**低炭素社会**の実現に向けて，努力しています。

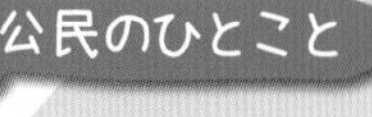

酸性雨の原因は？

排出ガスに含まれる窒素化合物です。

覚えたい3つのことば

地球温暖化　再生可能エネルギー　南北問題

➡答えは別冊 p.15

1 次の□にあてはまる語句をあとから選びなさい。

(1) 石炭や石油のような化石燃料に対して，風力や地熱，□などの自然エネルギーを，再生可能エネルギーといいます。

(2) 発展途上国では，7人に1人が□に直面しています。

(3) 南の発展途上国と，北の先進工業国との経済格差を□といいますが，近年では途上国間の格差も問題になっています。

[　紛争　飢餓　天然ガス　太陽光　南南問題　南北問題　]

2 次の①～③は，地球環境問題に関する資料です。あとの問いに答えなさい。

①

②
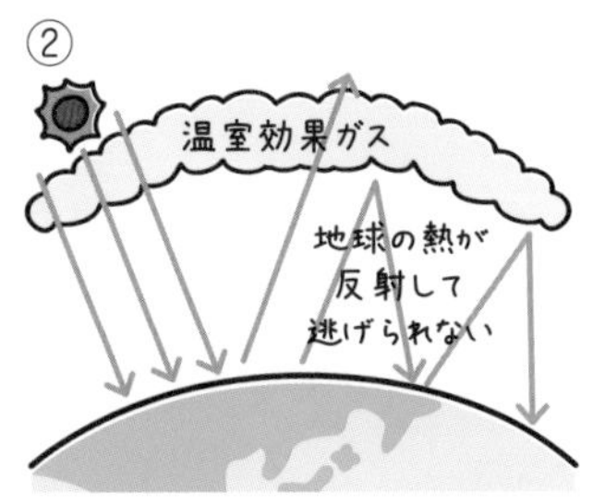

③
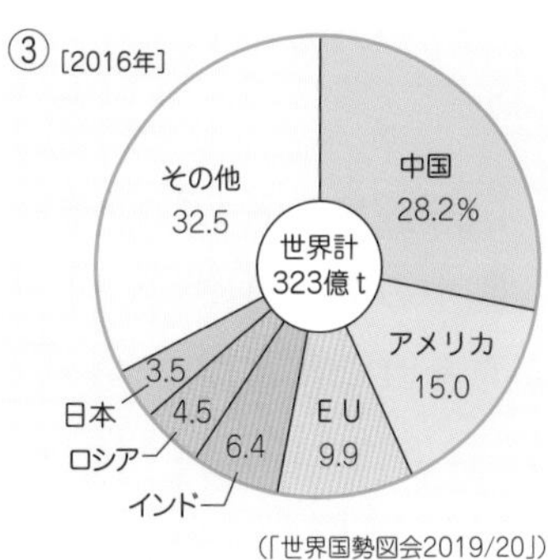

(「世界国勢図会2019/20」)

(1) ①，②の資料と最も関係が深い語句を，あとから選びなさい。

① □　② □

[　砂漠化　地球温暖化　オゾン層の破壊　酸性雨　]

(2) ③は，②の図中の「温室効果ガス」を代表的するある気体の排出量が多い国を示しています。ある気体とは何ですか。

□

(3) ③のグラフ中の中国やアメリカ，日本などで，最も発電量の割合が高いものを，水力・火力・原子力の中から選びなさい。

□

まとめのテスト

勉強した日　月　日　得点　／100点

➡答えは別冊 p.15

1 次の問いに答えなさい。 5点×6(30点)

(1) 次の各文の下線部a～cの範囲として適切なものを，右図のア～オからそれぞれ選びなさい。

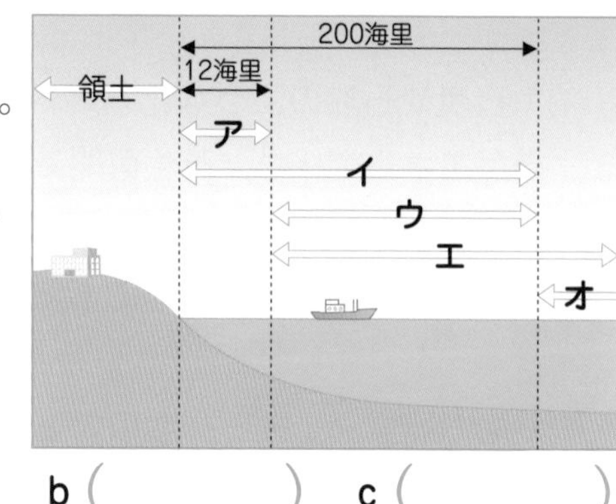

○ マグロのように各国のa排他的経済水域やb公海を回遊している魚については，さまざまな国際機関で漁業が規制されています。

○ 日本のc領海を外国の民間船舶が侵犯した場合の対処は，海上保安庁が行っています。

a（　　）b（　　）c（　　）

(2) 国際社会を構成する国家を成り立たせる３つの要素のうち，「領域」以外のものを，次から２つ選びなさい。（　　）（　　）

［ 領空　主権　国旗　国歌　国民 ］

(3) 国際社会のルールとして，国と国とが結ぶ条約や長い間の慣行が法となった国際慣習法などがあります。これらをまとめて何といいますか。（　　）

2 国際連合のおもな組織を示した右の図を見て，次の問いに答えなさい。 5点×4(20点)

(1) 図中のA，Bにあてはまる機関を，次からそれぞれ選びなさい。

［ 経済社会理事会　国連人権理事会　安全保障理事会　世界貿易機関 ］

A（　　）
B（　　）

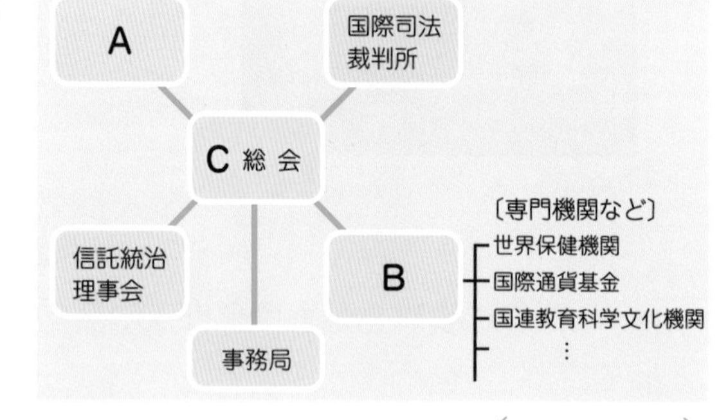

(2) Cの総会について述べたものを，次から１つ選びなさい。（　　）

ア 加盟国は，１国１票の平等な投票権を持つ。

イ ５か国の常任理事国と10か国の非常任理事国からなる。

ウ 紛争地域へ停戦の監視を行う組織を派遣する。

エ 加盟国は，この機関の決定に従う義務がある。

(3) 右の写真は，日本の自衛隊が東ティモールで国際連合の活動に参加していたときの様子です。このような活動を何というか，アルファベット３字で答えなさい。（　　）

3　右のグラフを見て，次の問いに答えなさい。　5点×4(20点)

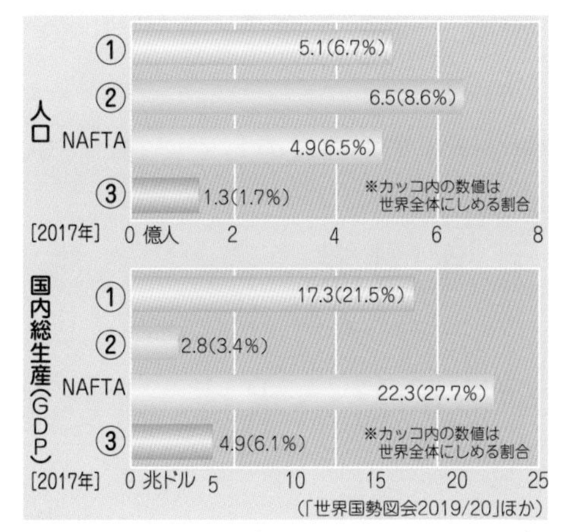

(1) 右のグラフは，日本，ASEAN(アセアン)，EU，NAFTA(ナフタ)の人口と国内総生産を比較したものです。①と②にあてはまるものを，それぞれ答えなさい。

①(　　　　)

②(　　　　)

(2) EUなどのように，経済や環境，安全保障などの分野で同じ問題をかかえる国どうしが，協調や協力を強めようとする動きを何といいますか。(　　　　)

(3) APEC(エイペック)に参加していない国を，次から選びなさい。(　　　　)

[　韓国　中国　ロシア　オーストラリア　カナダ　ブラジル　]

4　次の文を読んで，あとの問いに答えなさい。　5点×6(30点)

グローバル化が進展する中で，地球上には，依然(いぜん)として**a**貧困(ひんこん)や飢餓(きが)，**b**地域紛争やテロ，人権(じんけん)の抑圧(よくあつ)，**c**核(かく)への脅威(きょうい)など，数多くの問題が存在し，それらが複雑にからみ合っています。これらの問題の中には，**d**環境(かんきょう)問題のように，地球的規模(きぼ)の問題として国境をこえ，人間にとって大きな脅威となっているものが少なくありません。

(1) 下線部**a**に関して，発展途上国(はってんとじょうこく)の中で起こっている，資源などが豊かな国とそうでない国との間の格差の問題を何といいますか。(　　　　)

(2) 下線部**a**に対応するため，先進国の政府や政府機関が行ってきた技術協力や資金協力などの援助(えんじょ)の略称を，アルファベット３字で書きなさい。(　　　　)

(3) 下線部**b**などの問題からのがれるために，国外に脱して援助を求めている人々を何といいますか。(　　　　)

(4) 下線部**c**に関して，日本は世界唯一(ゆいいつ)の被爆国(ひばくこく)として，核兵器廃絶(はいぜつ)に向けての努力を行っています。日本がかかげる「核兵器を持たず，つくらず，持ちこませず」という原則を何といいますか。(　　　　)

(5) 下線部**d**について述べた次の文の**A**，**B**にあてはまる語句をそれぞれ答えなさい。

地球環境問題への対策としてさまざまな国際協力が行われてきた。1992年にはリオデジャネイロで地球サミットが開かれ，環境保全や **A** 可能な開発(発展)などについて討議された。1997年には京都で地球 **B** 化防止のための国際会議が開かれ，二酸化炭素(にさんかたんそ)などの温室効果(おんしつこうか)ガスの排出量を削減することが決定された。

A(　　　　)　**B**(　　　　)

特集 重要語句を書こう

なぞってから右のわくに書いてみよう。

- 主権国家（しゅけんこっか） 主権国家
  他の国々と対等の権利を持った独立国。
- 排他的経済水域（はいたてきけいざいすいいき） 排他的経済水域
  領海の外側で，沿岸から200海里の水域。
- 尖閣諸島（せんかくしょとう） 尖閣諸島
  日本固有の領土。中国が領有権を主張。
- 国際連合憲章（こくさいれんごうけんしょう） 国際連合憲章
  国連の設立をうたった条約。
- 安全保障理事会（あんぜんほしょうりじかい） 安全保障理事会
  世界の平和維持に強い権限を持った機関。
- 拒否権（きょひけん） 拒否権
  安全保障理事会の常任理事国の権限。
- 地域主義（ちいきしゅぎ） 地域主義
  近隣の国どうしでまとまりをつくっていく動き。
- 難民（なんみん） 難民
  戦乱や弾圧を避けるため、他国に逃げた人々。
- 政府開発援助（せいふかいはつえんじょ） 政府開発援助
  政府が行う発展途上国などへの援助。
- 酸性雨（さんせいう） 酸性雨
  酸性化した雨が降る環境問題。
- 地球温暖化（ちきゅうおんだんか） 地球温暖化
  地球の気温が上昇する環境問題。
- 南北問題（なんぼくもんだい） 南北問題
  先進国と発展途上国間の経済格差。

この「解答と解説」は取り外して使えます。

改訂版

わからないをわかるにかえる 中学公民

解答と解説

文理

1 現代社会のキーワード

→本冊 p.7

1 次の□にあてはまる語句をあとから選びなさい。

(1) 日本では，生まれる子どもの数が減る［少子化］と，老年人口の割合が増えていく高齢化がともに進んでいます。
老年人口とは65歳以上の人口。

(2) グローバル化によって地球全体のつながりが強まり，世界の［一体化］が進んでいます。

［ 低年齢化　過疎化　少子化　多角化　一体化　分散化 ］

2 次の①～④は，現代社会の特色や変化の説明です。あとの問いに答えなさい。

①個人や企業などが国境をこえて活動しやすくなるように，国際的な取り決めがつくられるようになっています。［グローバル化］

②インターネットを使って遠くの友人とすぐに連絡がとれるようになりました。［情報化］

③将来，労働力不足や社会保障費の不足が問題になりそうです。［少子高齢化］
実際に働く，15～64歳の割合が小さくなる。

④ある国では，国際競争力が弱いものは輸入し，安くてよい品を提供できる産業に力が入れられています。［国際分業］
貿易を通して分業が行われている。

(1) ①～④に最も関係が深い語句を次からそれぞれ選びなさい。

［ 少子高齢化　グローバル化　国際分業　ドーナツ化　情報化 ］

(2) ②の下線部について，インターネットやGPS(全地球測位システム)の利用に欠かせない，地球の周りを回っているものを何といいますか。［通信衛星］
人工衛星のなかでも通信専門のもの。

2 私たちの文化と社会

→本冊 p

1 次の□にあてはまる語句をあとから選びなさい。

(1) 沖縄では，アメリカの影響を受けた文化や，伝統のある［琉球］文などが融合した，独自な文化が形成されました。
1945～72年までアメリカの軍政下にあった。

(2) 北海道やサハリン，千島列島を中心にくらしてきた［アイヌ］の人たは，独自の文化を継承してきました。
北海道の地名の多くは，アイヌ語に由来する。

［ 東南アジア　朝鮮　ロシア　琉球　アイヌ ］

2 次の表は，日本のおもな年中行事を示しています。あとの問いに答えなさい。

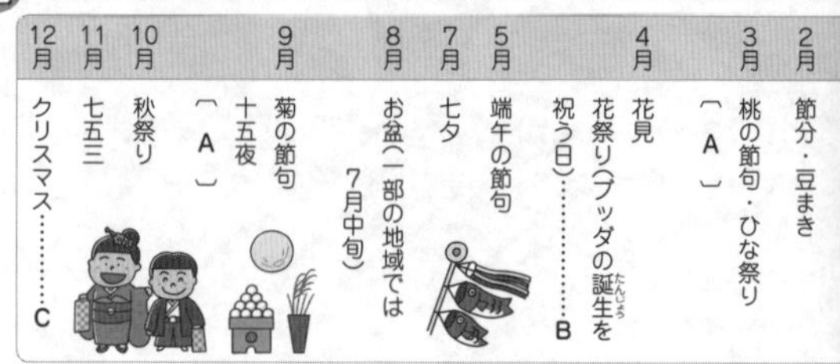

月	年中行事
2月	節分・豆まき
3月	桃の節句・ひな祭り 〔 A 〕
4月	花見 花祭り(ブッダの誕生を祝う日)……B
5月	端午の節句
7月	七夕
8月	お盆(一部の地域では7月中旬)
9月	菊の節句 十五夜 〔 A 〕
10月	秋祭り
11月	七五三
12月	クリスマス……C

(1) 3月と9月の〔 A 〕に共通してあてはまるものを，次から選びなさい。［彼岸］
春分・秋分のころを彼岸という。
〔 彼岸　しょうぶ湯　ゆず湯　月見 〕

(2) BとCに最も関係が深い宗教を，次から選びなさい。 B［仏教］ C［キリスト教］

［ イスラム教　キリスト教　仏教 ］

(3) 長い歴史を通して現在まで受け継がれてきた，年中行事や冠婚葬祭のほか，茶華道などの文化を何といいますか。［伝統文化］

3 社会集団とルール

→本冊 p.11

1 次の□にあてはまる語句をあとから選びなさい。

(1) 夫婦のみ，または親と未婚の子どもからなる家族を［核家族］といいます。
昔は祖父母と同居する三世代家族が多かった。

(2) 会社間や個人間で結ばれる［契約］では，それぞれの権利や義務，責任をはっきりさせています。

(3) きまりは，たがいの権利や利益を守るものです。だからこそ，私たちは，おたがいが［合意］したかぎり，そのきまりを守る責任が生じます。

［ 対立　合意　条約　契約　三世代家族　核家族 ］

2 次の①～③は，きまりを評価する視点を示しています。あとの問いに答えなさい。

① きまりをつくる過程にみんなが参加しているか。

② 特定の人が不利になっていないか。

③ みんなの時間やお金，労力などが無駄なく使われているか。

(1) ①～③の視点と最も関係が深い語句を，あとからそれぞれ選びなさい。

①［手続きの公正］ ②［結果の公正］ ③［効率］

［ 効率　全員一致　手続きの公正　結果の公正 ］
みんなが納得するためには，効率と公正を考えて決めることが大切。

(2) 採決の方法のうち，一定時間内で決定できるという長所がある一方，少数意見が反映されにくいという短所があるものを何といいますか。［多数決］
全員の賛成が必要なものを，全員一致という。

とめのテスト 1 現代の社会・人権と日本国憲法

➔本冊 p.12

(1) A
(2) ウ
(3) ①労働　②年金　③介護

解説 (2) 子育てと働くことが両立しにくいことや，結婚年齢が高くなっていることも，少子化の原因といわれる。
(3) ③介護保険制度は，2000年4月1日から施行されている。

(1) 中国
(2) ブラジル
(3) グローバル化
(4) 国際分業

解説 (1) 日本でくらす外国人のうち，中国人が占める割合は，全体の3分の1近くに達している。
(2) ブラジルに次いで日系人が多いのはアメリカである。
(3) 「グローブ(globe)」とは，球体としての地球という意味。

3 (1) ①キリスト教　②仏教
(2) アイヌ〔アイヌ民族〕
(3) ウ
(4) 琉球
(5) ひな祭り

解説 (1) ①は教会での結婚式，②は仏前結婚式の様子である。
(2) アイヌ独特の文様が施されている。
(3) 白川郷・五箇山の合掌造り集落は，世界遺産にも登録されている。

4 (1) ①イ　②ウ　③ア
(2) 効率
(3) 公正

解説 (1) ①は女子が話し合いに参加していないこと，②は女子の利用時間が不当に短いことが公正とはいえない。③は，ゴールが効率的に使用されていないことが問題である。
(3) イは手続きの公正さに関するもの。

人権思想の発達

➔本冊 p.15

次の□にあてはまる語句をあとから選びなさい。

「社会契約論」で人民主権を主張したルソーの思想は，**フランス革命** だけなく日本の自由民権運動にも大きな影響を与えました。

1919年にドイツで制定された **ワイマール憲法** では，世界で初めて社会権が障されました。
一次世界大戦での敗戦後に成立した。

1889年に日本で制定された大日本帝国憲法では，人権は **臣民の権利** とて規定されました。
論の自由などは不十分なものだった。

誉革命　フランス革命　権利章典　ワイマール憲法　永久の権利　臣民の権利 ］

人権獲得の歴史について，次の図を見て，あとの問いに答えなさい。

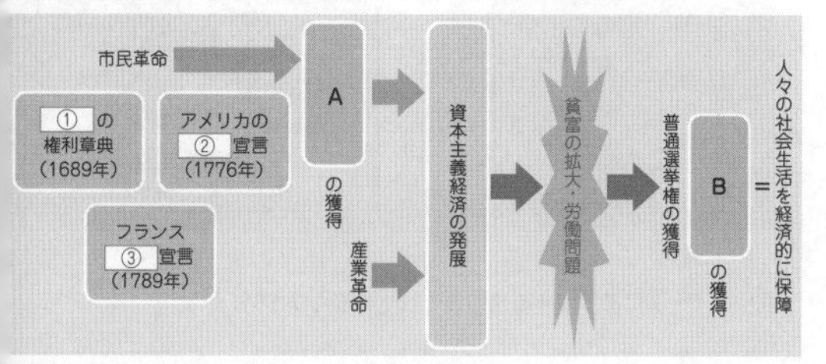

図中の①～③にあてはまる国名や語句をそれぞれ答えなさい。

① **イギリス**　② **独立**　③ **人権**

図中の□A，Bにあてはまる語句を，次からそれぞれ選びなさい。
境権は，比較的新しい人権。
環境権　社会権　自由権 ］

A **自由権**
B **社会権**

5 日本国憲法の原則

➔本冊 p.17

1 次の□にあてはまる語句をあとから選びなさい。

(1) 日本国憲法の第1条では，天皇は日本国と日本国民統合の **象徴** とされています。
大日本帝国憲法では「主権者」と定められた。

(2) 天皇は，国会が議決した法律の公布など，憲法に定める **国事行為** を，内閣の助言と承認のもとに行います。

(3) 憲法は国の **最高法規** ですから，憲法に反する法律や命令は効力を持ちません。
法律や命令が憲法に反しているかどうかの判断は，裁判所が行う。

［ 主権者　政治　象徴　国事行為　規則　最高法規 ］

2 日本国憲法の三つの基本原理について，次の図を見て，あとの問いに答えなさい。

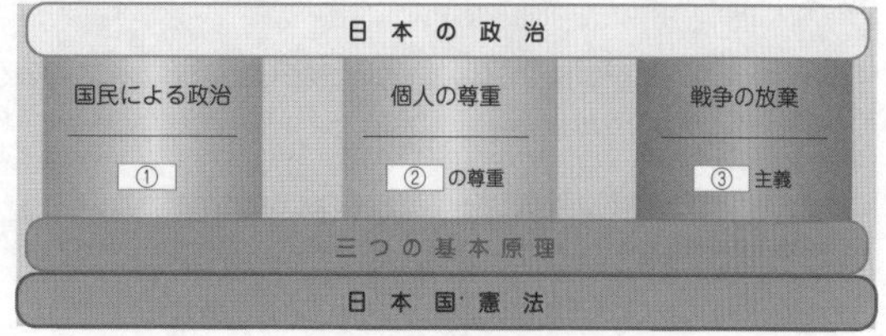

(1) 図中の①～③にあてはまる語句をそれぞれ答えなさい。

① **国民主権**　② **基本的人権**　③ **平和**

(2) 憲法改正の発議に必要な賛成の数は，各議院の総議員のどれだけですか。次から選びなさい。
さらに国民投票で過半数の賛成が必要。

［ 3分の1以上　過半数　3分の2以上 ］

3分の2以上

6 日本の平和主義

➔本冊 p.19

1 次の□にあてはまる語句をあとから選びなさい。

(1) 日本国憲法の前文と第 **9** 条で，平和主義が規定されています。

(2) 現在の日本を防衛するための組織は，1954年に発足した **自衛隊** です。国際貢献や災害派遣などの任務も果たしています。

東日本大震災での救援活動が記憶に新しい。

(3) 日本は，核兵器を「持たず，つくらず，持ちこませず」という **非核** 三原則を国会で決議しています。

[1 3 9 警察予備隊 自衛隊 平和 軍縮 非核]

警察予備隊とは，1950年に発足した，自衛隊の前身となる組織である。

2 次の各文は，日本国憲法のある条文を示しています。あとの問いに答えなさい。

○日本国民は，正義と秩序を基調とする国際平和を誠実に希求し，国権の発動たる戦争と，武力による威嚇又は武力の行使は，国際紛争を解決する手段としては，永久にこれを ① する。

○前項の目的を達するため，陸海空軍その他の ② は，これを保持しない。国の ③ 権は，これを認めない。

(1) 文中の①～③にあてはまる語句を，あとからそれぞれ選びなさい。

① **放棄** ② **戦力** ③ **交戦**

[戦力 実力 保障 自衛 交戦 放棄]

(2) 日本が防衛のためにアメリカと結んでいる条約を何といいますか。 **日米安全保障条約**

アメリカの戦争にまきこまれるという，反対意見もある。

(3) 日本にあるアメリカ軍基地の面積のうち，約7割が集中しているのは何県ですか。 **沖縄** 県

沖縄は1972年までアメリカの軍政下にあった。

7 基本的人権と平等権

➔本冊 p.2

1 次の□にあてはまる語句をあとから選びなさい。

(1) 男性と女性が対等な立場であらゆる社会活動に参加し，利益と責任を分かち合う会の実現をめざして制定された法律が，男女 **共同参画社会** 基本法です。

(2) 1985年に制定され，その後の改正で募集・採用や配置・昇進における男女差を止した法律が，男女 **雇用機会** 均等法です。

求人広告に，性別を条件として書くことができなくなった。

(3) 障がいのある人や高齢者が，社会で安全・快適にくらせるよう，さまざまな障壁を取り除こうという考え方を， **バリアフリー** といいます。

[雇用機会 共同参画社会 グローバル化 バリアフリー]

バリアフリーよりも一歩進んだ考えによるものに，ユニバーサルデザインが

2 基本的人権について，次の図を見て，あとの問いに答えなさい。

① 権：自由に生きるための権利
② 権：人間らしく生きるための権利
参政権など：人権を確保するための権利
③ 権（等しく生きるための権利）⬅【 】の尊重
基本的人権（侵すことのできない永久の権利）

(1) 図中の①～③にあてはまる語句をそれぞれ答えなさい。

① **自由** ② **社会** ③ **平等**

(2) 図中の【 】には，日本国憲法第13条の「すべて国民は，【 】として尊重され」と共通の語句があてはまります。この語句を答えなさい。 **個人**

8 自由権・社会権

➔本冊 p.23

1 次の□にあてはまる語句をあとから選びなさい。

(1) 自由権のうち，正当な理由なく身体を拘束されない権利を **身体** の自由といいます。

警察は，裁判所の発行する逮捕状なしに，逮捕できない。

(2) 自由に自分の意見を発表する権利は， **精神** の自由の1つです。

信教の自由や表現の自由なども。

(3) 自由に職業を選ぶ権利，自分の財産を持つ権利は **経済活動** の自由にあたります。

[精神 信教 学問 身体 政治活動 経済活動]

2 次の各文は，日本国憲法のある条文を示しています。あとの問いに答えなさい。

○すべて国民は，健康で文化的な ① の生活を営む権利を有する。………… A

○勤労者の ② する権利及び団体交渉その他の団体行動をする権利は，これを保障する。…………………………………………………………………… B

○すべて国民は，法律の定めるところにより，その能力に応じて，ひとしく ③ を受ける権利を有する。

(1) 文中の①～③にあてはまる語句を，あとからそれぞれ選びなさい。

① **最低限度** ② **団結** ③ **教育**

[団結 労働 自由 教育 最低限度 表現]

(2) 社会権のうち，Aの権利を何といいますか。 **生存権**

憲法第25条である。

(3) Bについて，これら3つの権利を，あわせて何といいますか。 **労働基本権**

9 人権をたしかなものにするために

➔本冊 p

1 次の□にあてはまる語句をあとから選びなさい。

最高裁判所裁判官の信任を問うのが国民審査。

(1) 国民が直接に投票で決定する権利の一つに，憲法改正の **国民投票** があります。

(2) 国などの行政に要望を伝える権利を **請願** 権といいます。

(3) 国民の三大義務とは，普通教育を受けさせる義務， **勤労** の義務，納税の義務をいいます。

教育と勤労は義務であると同時に権利である。

[国民審査 国民投票 勤労 選挙 請願 請求]

2 人権を守るための権利について，次の図を見て，あとの問いに答えなさい。

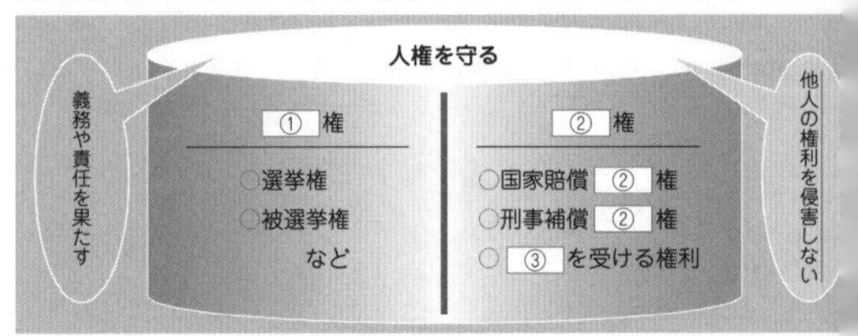

(1) 図中の①～③にあてはまる語句をそれぞれ答えなさい。

① **参政** ② **請求** ③ **裁判**

(2) 図中の傍線部について，次の文のa，bにあてはまる語句をそれぞれ答えなさい。

私たちには，表現の【 a 】が保障されていますが，他人の名誉やプライバシーを侵害することは許されません。個人の利益と他人や社会全体の利益を調整するため日本国憲法では，「【 b 】の福祉」による人権の制約を認めています。

a **自由** b **公共**

0 新しい人権

➔本冊 p.27

次の□にあてはまる語句をあとから選びなさい。

他人に知られたくない個人の秘密をあばかれることは，プライバシーの権利の侵害にあたると考えることができます。
インターネット上の個人情報の管理にも注意が必要である。

高層の建築物が建つことで，家の日当たりが悪くなる場合は，日照権の侵害だと主張することができます。

死後，臓器を提供する，しないを意思表示しておくことは，自己決定権の尊重につながります。
最近はドナーカードの他，運転免許証などでも意思を表明することができる。

平等　自由　自己決定　プライバシー　日照　生存 ］

次の①～④は，新しい人権に関連した制度の説明です。あとの問いに答えなさい。

①個人情報保護制度にもとづき，個人の名前や住所，電話番号などの情報は慎重に管理するように義務づけられています。

②国民はさまざまな情報を入手することで，政治に対する自分なりの判断を下すことができます。新聞やテレビなどの報道の自由は，こうした情報を受け取る権利と結びついています。

③開発にあたって，事前に環境への影響を調査することが義務づけられています。

④国が保有する情報は，人々の請求に応じて開示する制度が定められています。
③は環境権，④は②と同様に知る権利である。

①，②に関係が深い新しい権利をそれぞれ答えなさい。

① プライバシーの権利　② 知る権利

③の下線部のことを何といいますか。　環境アセスメント

④の制度を定めた法律を何といいますか。　情報公開法

とめのテスト 1 現代の社会・人権と日本国憲法

➔本冊 p.28

(1) ①議会　②国王
(2) ロック
(3) 人権宣言
(4) 法律
(5) 社会権

説 (2) イギリスの思想家であるロックは，『統治二論』で抵抗権を唱えた。
(4) 大日本帝国憲法は天皇主権であることが，国民主権の原則にもとづく日本国憲法と大きく異なる点である。

(1) リンカン〔リンカーン〕
(2) b 平和　c 象徴
(3) 内閣

説 (1) 1863年のゲティスバーグでの演説の様子である。民主主義の理想が端的に表現されている。
(2) b 平和主義は，日本国憲法前文と第９条で規定されている。c「象徴天皇制」を規定しているのは第１条である。

3 (1) ①法　②教育
(2) ウ
(3) エ
(4) 平等権
(5) ア

解説 (1) ①平等権の規定には，憲法第14条の「法の下の平等」のほか，第24条の「両性の本質的平等」がある。
(2) アは「身体の自由」，イとエは「精神の自由」にあたる。

4 (1) 納税の義務
(2) 自己決定権
(3) ウ
(4) 公共の福祉

解説 (1) Aさんは教育を受けさせる義務，Bさんは勤労の義務を果たそうとしている。
(3) 治療を受ける患者にとって，「十分な説明にもとづく同意」は，自己決定権のためにも重要である。

11 政治と民主主義

➔本冊 p.33

1 次の□にあてはまる語句をあとから選びなさい。

(1) 選挙で選ばれた代表者が，議会で話し合って行う政治を **間接** 民主制といいます。
議会制民主主義ともよばれる。

(2) 日本国憲法の前文で，国民は「正当に選挙された **国会** における代表者を通じて行動」することを示しています。

(3) 民主主義にもとづいた政治は，国民主権や基本的 **人権** の尊重などを原則として行われます。
日本国憲法の基本原理のうちの2つ。

［ 法律 内閣 国会 人権 個人 直接 間接 ］

2 次の各文は，民主主義の原理や課題を述べたものです。あとの問いに答えなさい。

① 人民の，人民(　　)，人民のための政治(リンカンの言葉)

② 話し合っても意見が一致しない場合は，(A)決の原理に従って決めることになりますが，(B)意見をできるだけ尊重することが大切です。

③ 国民の数や国の広さなどから考えて，多くの人々が同じ場所に集まって話し合うことは困難です。これが，(　　)制による政治の問題点です。

(1) ①の(　　)にあてはまる語句を答えなさい。 **による**

(2) ②のAとBにあてはまる，互いに反対の意味になる語句をそれぞれ答えなさい。
A **多数** B **少数**

(3) ③の(　　)にあてはまる，主権者である国民が代表によらず，直接行う政治のしくみを示す語句を答えなさい。 **直接民主**
間接民主制の反対の意味の言葉である。

12 選挙のしくみと課題

➔本冊 p.3

1 次の□にあてはまる語句をあとから選びなさい。

(1) 1人が1票の投票権をもつ選挙を，**平等** 選挙といいます。

(2) 一定の年齢に達したすべての国民に選挙権が保障(ほしょう)される **普通** 選挙は，重要な選挙の原則の一つです。
大正時代までは，納税額による制限があった。

(3) 議員1人あたりの有権者数の違いは，一票の **格差** とよばれ，一票の価値が異なることが問題になっています。
憲法の「法の下の平等」の考えに反する。

［ 差別 平等 格差 制限 普通 秘密 直接 ］

2 次の図は，おもな選挙制度を図示したものです。あとの問いに答えなさい。

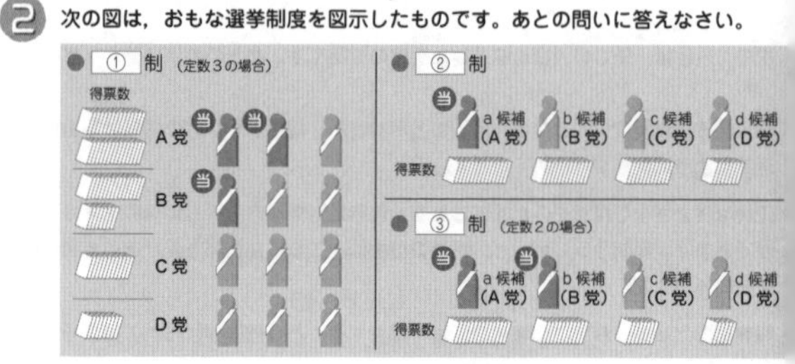

(1) ①～③にあてはまる選挙制度を，あとから選びなさい。
① **比例代表** ② **小選挙区** ③ **大選挙区**

［ 小選挙区 大選挙区 比例代表 間接選挙 ］

(2) ②の選挙制度に比べ，①の選挙制度の方が有利な政党を，次から選びなさい。 **小さな政党**
②では当選者は1人なので小さな政党は不利。

［ 大きな政党 小さな政党 ］

13 政党のはたらき

➔本冊 p.37

1 次の□にあてはまる語句をあとから選びなさい。

(1) 内閣を組織して政権をになう政党を **与党** といいます。
それ以外の政党は野党。

(2) 内閣が複数の政党によって組織される場合，この政権を **連立政権** といいます。
日本の内閣は，近年，連立政権が続いている。

(3) 各政党や候補者などが選挙のときに公表する **政権公約** は，政権を担当してほしい政党を有権者が選ぶ参考になります。
マニフェストともいう。

［ 国会 単独政権 連立政権 政権公約 与党 野党 ］

2 次の図は，政党と国民の関係を示したものです。あとの問いに答えなさい。

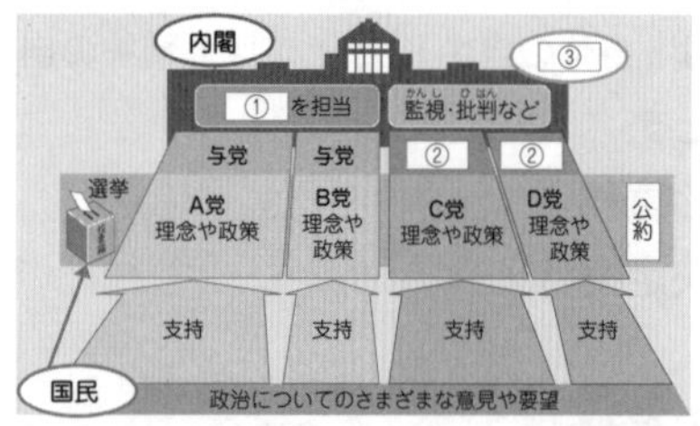

(1) ①～③にあてはまる語句を，あとからそれぞれ選びなさい。
① **政権** ② **野党** ③ **国会**

［ 国会 裁判所(さいばんしょ) 政権 野党 無所属 ］

(2) アメリカ合衆国(がっしゅうこく)やイギリスのように，二大政党が議席のほとんどをしめ，選挙によって政権交代しながら，それぞれの党が政治をになうしくみを何といいますか。 **二党制**
日本は二党制と多党制の中間的な状態。

14 国会の地位としくみ

➔本冊 p.

1 次の□にあてはまる語句をあとから選びなさい。

(1) 国会は国権の **最高** 機関であり，国の唯一の立法機関です。

(2) 国会が衆議院と参議院から構成されるしくみを **二院制** といいます。

(3) 毎年1月に召集され，予算審議を中心に行う国会が **常会** です。

(4) 衆議院と参議院とで議決が異なった場合，**両院協議会** が行われることがあります。
両院協議会でも意見が合わなかった場合，衆議院の優越が行われることが

［ 常会 特別会 両院協議会 専門 最高 二院制 立憲制 ］

2 次の表は，衆議院と参議院を比較したものです。あとの問いに答えなさい。

衆議院		参議院
465人	議員数	245人
(①)年 ＊□あり	任期	(②)年 ＊(③)年ごとに半数改選
(A)歳以上	被選挙権	(B)歳以上
小選挙区 289人 比例代表 176人	選挙区	選挙区 147人 比例代表 98人

※法改正により，2022年に参議院の議員数は248人に増える予定です。選挙区148人，比例代表が100人になります。

(1) ①～③にあてはまる数字をそれぞれ答えなさい。
① **4** ② **6** ③ **3**

(2) AとBにあてはまる数字をそれぞれ答えなさい。
A **25** B **30**

(3) □にあてはまる，衆議院だけにある制度を何といいますか。 **解散**
解散があるため，民意を反映させやすい。

15 国会の仕事

➔本冊 p.41

次の□にあてはまる語句をあとから選びなさい。

国会は，国で唯一，［法律］を制定する権限を持っている機関です。
立法権という。

通常国会では，次の年度の［予算］を審議し，議決します。

国会は，内閣総理大臣を国会議員の中から選び，［指名］します。
内閣総理大臣の任命は，天皇の国事行為。

任命　指名　条例　法律　条約　予算　］

次の図は，法律が成立するまでの例を示しています。あとの問いに答えなさい。

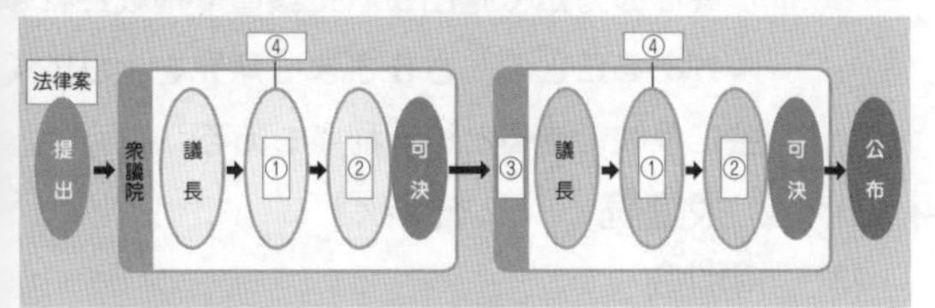

①～③にあてはまる語句を，あとからそれぞれ選びなさい。

① ［委員会］　② ［本会議］　③ ［参議院］

理事会　委員会　両院協議会　参議院　小会議　本会議　］

この図は衆議院が先議しているが，法律案は参議院が先議することもできる。

④は，①で法律案を審議するときに，有識者や利害関係のある人から意見を聴くために開かれることがある会を示しています。④にあてはまる会を何といいますか。［公聴会］

法律案を国会に提出することができるのは，国会議員と，どの機関ですか。［内閣］

予算案を出すことができるのは内閣のみである。

16 内閣のしくみ

➔本冊 p.43

1 次の□にあてはまる語句をあとから選びなさい。

(1) 国会が定めた法律や予算にもとづいて，国の政治を行うことを［行政］といいます。日本では内閣がこの権限を持つ機関です。

(2) 内閣は［閣議］を開き，政治の運営について決定を行います。

(3) 財務大臣や環境大臣などの国務大臣を任命するのは，［内閣総理大臣］です。
国務大臣が問題を起こしたとき，任命責任が問題になることも。

［　国会　閣議　立法　行政　総務大臣　内閣総理大臣　］

2 次の図は，国会と内閣の関係を示しています。あとの問いに答えなさい。

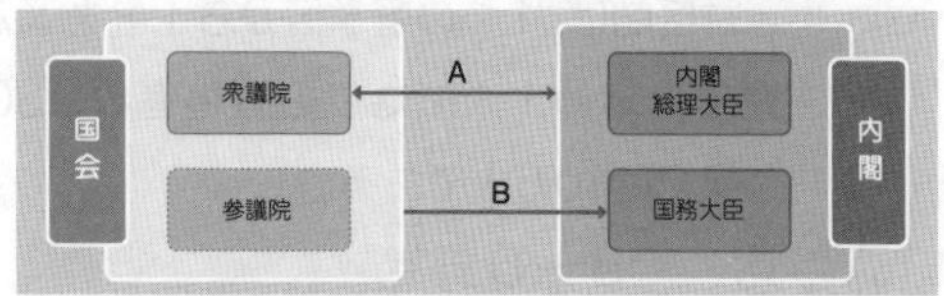

(1) 図中のAの関係について，次の文の①～③にあてはまる数字と語句を答えなさい。

衆議院が内閣不信任の決議を行った場合，内閣は［①］日以内に衆議院を［②］するか，［③］をしなければならない。

① ［10］　② ［解散］　③ ［総辞職］

(2) 内閣が国会の信任にもとづいて成立し，国会に対して連帯して責任を負う制度を，何といいますか。［議院内閣制］
アメリカの大統領制では，行政権と立法権は完全に分離。

(3) 図中のBについて，国務大臣のうちのどれだけが，国会議員でなければならないとされていますか。次から選びなさい。［過半数］

［　4分の1　3分の1　過半数　3分の1　］

17 行政とその改革

➔本冊 p.45

次の□にあてはまる語句をあとから選びなさい。

行政を担当する職員のうち，国で働く人を［国家公務員］といいます。

すべて公務員は，全体の［奉仕］者であることが日本国憲法で規定されています。
日本国憲法第15条。

簡素で効率的な行政をめざす［行政改革］の一例が，省庁の再編です。

主権　奉仕　行政改革　地方公務員　教育公務員　国家公務員　］

次の図は，行政の役割の変化を示しています。あとの問いに答えなさい。

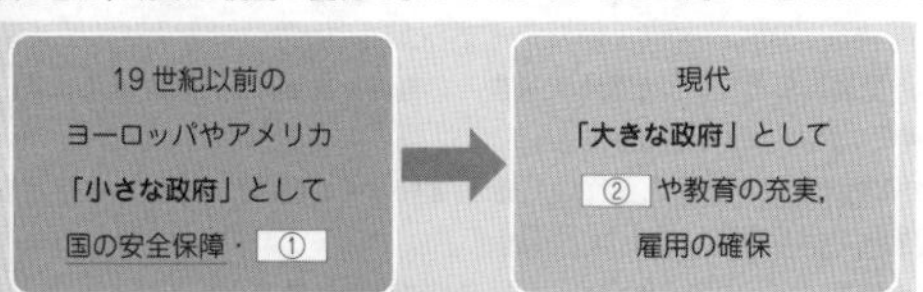

「大きな政府」になったことにより，行政権が拡大した。

図中の下線部に最も関係が深い公務員を次から選びなさい。［自衛官］

教育公務員　警察官　自衛官　］

図中の①，②にあてはまる語句を，次から選びなさい。① ［治安維持］　② ［社会保障］

裁判　社会保障　治安維持　］

企業の経済活動に対して，行政はさまざまな規制を行っています。行政の非効率を見直し，経済の活性化をめざすなどの改革の一環として，こうした規制を少なくすることを何といいますか。［規制緩和］
コンビニエンスストアで薬を買えるようになったのも規制緩和の１つ。

まとめのテスト 2 現代の民主政治

➔本冊 p.46

1 (1) 表1 **衆議院** 表2 **参議院**

(2) **B，F**

(3) **3倍**

(4) **比例代表制**

解説 (1) 小選挙区制は衆議院のみ。都道府県を単位とした選挙区を持ち，「半数改選」があるのは，参議院のみである。

(2) 小選挙区制は，1つの選挙区から1名を選ぶ。

(3) あ県では議員1人あたりの有権者数は30万人，う県では10万人である。

2 (1) **A与党** **B～D野党**

(2) **連立政権**

(3) **二党制〔二大政党制〕**

(4) **自民党**

解説 (3) アメリカの二大政党は共和党と民主党，イギリスは保守党と労働党。

(4) 2009年に政権交代を実現したのは，民主党である。

3 (1) **二院制〔両院制〕**

(2) **エ**

(3) **両院協議会**

(4) **イ**

(5) **3分の2**

解説 (1) 地方議会は，一院制である。

(2) 異なる方法で選出された議員で構成される院があることで，さまざまな意見をより広く会に反映できるという利点もある。

4 (1) **①衆議院** **②総辞職**

(2) **特別会**

(3) **8人**

(4) **議院内閣制**

解説 (2) 常会(通常国会)は，毎年1回，1月中に召される。臨時会は臨時国会，特別会は特別国ともいう。

(3) 過半数でなければならない。7人では1の過半数にならないので注意。

18 裁判の制度

➔本冊 p.49

1 次の□にあてはまる語句をあとから選びなさい。

(1) すべて裁判官は，その良心に従い，独立して職務を行い，**憲法** と法律にのみ拘束されます。

(2) 裁判所や裁判官が他の権力から圧力や影響を受けないことを **司法権** の独立といいます。

(3) 同一の事件について3回まで裁判を受けることができる制度を **三審制** といいます。

裁判のやり直しである「再審制度」とまちがえないようにする。

［ 再審制度　三審制　議院内閣制　内閣　憲法　行政権　司法権 ］

2 次の図は，民事裁判で，3回まで裁判を受けられるしくみを示しています。あとの問いに答えなさい。

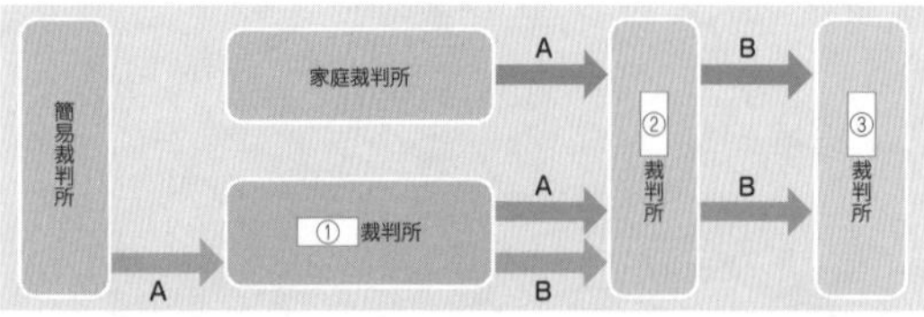

(1) 図中の①～③にあてはまる裁判所の種類を，あとからそれぞれ答えなさい。

① **地方** ② **高等** ③ **最高**

［ 最高　弾劾　地方　高等　下級 ］

語群のうち，弾劾裁判所は国会の持つ権力で，司法権には属さない。

(2) 図中のA，Bのように，第一審，第二審の判決に不服の場合，上級の裁判所に訴えることをそれぞれ何といいますか。

A **控訴** B **上告**

19 裁判の種類

➔本冊 p

1 次の□にあてはまる語句をあとから選びなさい。

(1) 殺人などの犯罪行為について，有罪か無罪かを決定する裁判を **刑事裁判** といいます。

(2) お金の貸し借りや相続など，私人の間の争いについての裁判を **民事裁判** といいます。

行政裁判は民事裁判の一種で，国や地方公共団体が被告になるもの

［ 民事裁判　行政裁判　弾劾裁判　刑事裁判 ］

2 次の①～③は，裁判にかかわる人の仕事や役割を示しています。あとの問いに答えなさい。

① 私は，証拠にもとづいて起訴した被告人の有罪を主張し，刑罰を求めます。

警察官ではないので注意する。

② 私は，A訴えた人やB訴えられた人，起訴された人の利益を守るために活動し

刑事裁判では弁護人とよばれる。

③ 私は，法律にもとづいて判決を下し，事件を解決します。

(1) ①～③にあてはまる人を，あとからそれぞれ選びなさい。

① **検察官** ② **弁護士** ③ **裁判官**

［ 裁判官　傍聴人　弁護士　検察官　警察官 ］

(2) 民事裁判では，②の下線部A，Bにあてはまる人をそれぞれ何といいますか。

A **原告** B **被告**

(3) くじで選ばれた国民が裁判に参加し，裁判官といっしょに被告人の有罪・無罪の内容を決める制度を何といいますか。

裁判員制度

0 三権分立

➔本冊 p.53

次の にあてはまる語句をあとから選びなさい。

国会は，**弾劾裁判所** を設けて，問題のある裁判官をやめさせることができます。
裁判官をやめさせることができるのは，弾劾裁判と国民審査のみ。

内閣は，**最高裁判所** の長官を指名し，その他の裁判官を任命します。

高等裁判所　最高裁判所　簡易裁判所　弾劾裁判所　］

次の図は，三権の抑制と均衡の関係を示しています。あとの問いに答えなさい。

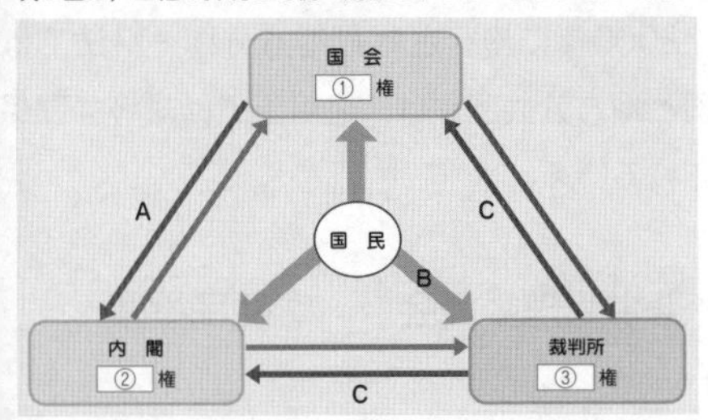

①～③にあてはまる権力をそれぞれ答えなさい。

① **立法**　② **行政**　③ **司法**

図中のA，Bにあてはまるものを，次から選びなさい。

A **不信任決議**

B **国民審査**

世論　国民投票　不信任決議　国民審査　］

図中のCについて，裁判所が持っている，法律や命令などが憲法に違反していないかどうかを判断する権限を何といいますか。 **違憲審査権**

憲法に違反した法律や命令は，無効となる。

21 地方自治とは

➔本冊 p.55

❶ 次の にあてはまる語句をあとから選びなさい。

(1) 住民自身が地域の課題を考え，自ら地方の運営を行うことを **地方自治** といいます。

(2) 住民自身が地方の運営を行うことは民主政治の原点であり，「**民主主義** の学校」と呼ばれています。
地方自治には，直接民主制の要素もとり入れられている。

(3) 地方の政治を行う市区町村や都道府県などを **地方公共団体** といいます。

［　民主主義　社会主義　中央集権　地方自治　地方公共団体　］

❷ 次の図は，地方の代表を選ぶしくみを示しています。あとの問いに答えなさい。

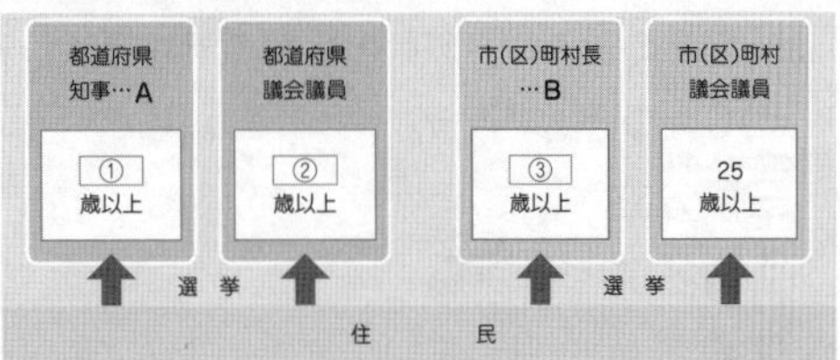

(1) 地方公共団体の長にあたる図中のAやBを何といいますか。 **首長**
被選挙権は，知事と参議院議員が30歳，
それ以外が25歳。

(2) 図中の①～③にあてはまる被選挙権の年齢をそれぞれ答えなさい。

① **30**　② **25**　③ **25**

(3) 地方にかかわりが深い仕事を，国ではなく地方が独自に行っていけるように，財源などを国から地方に移すことを何といいますか。 **地方分権**

2 地方自治の制度と財政

➔本冊 p.57

次の にあてはまる語句をあとから選びなさい。

地方議会が法律の範囲内で制定するきまりを **条例** といいます。

地方公共団体の借金にあたる **地方債** の発行残高は，地方公共団体の歳入の総額を上回っています。

地方議会が首長の不信任決議を行った場合，首長は議会を **解散** することができます。
首長と地方議会は，抑制と均衡の関係にある。

条約　条例　政令　解散　廃止　地方債　総務費　］

次のグラフは，地方公共団体の歳入を示しています。あとの問いに答えなさい。

地方財政の歳入構成（2019年度）

①	②	③	地方債	その他
44.3%	18.3	17.0	10.4	10.0

①：地方独自の財源です。
②：地方公共団体間の財政格差をなくすため，国から分配されます。
③：特定の仕事を行う目的で，国から支払われます。

①～③にあてはまるものを，あとからそれぞれ選びなさい。

① **地方税**　② **地方交付税交付金**　③ **国庫支出金**

公債金　国庫支出金　地方税　地方交付税交付金　］

地方公共団体の予算案をつくるのは，どの機関ですか。次から選びなさい。 **首長**
国の予算案は内閣(行政)がつくる。

地方議会　財務省　首長　監査委員　］

地方公共団体の財政難の解消や行政の効率化に向けたある政策のため，市の数が増え，町や村の数が減っています。ある政策とは何ですか。 **市町村合併**

23 世論と政治参加

➔本冊 p.59

❶ 次の にあてはまる語句をあとから選びなさい。

(1) 政治や社会などについて，多くの国民が持っている意見を **世論** といい，新聞やテレビはその調査結果を報道しています。

(2) 地方自治では，住民が **議会** の解散を請求することができます。

［　首長　議会　教育委員会　合意形成　世論　マスメディア　］

住民が首長や議会をリコールできるのが，国の政治と大きく異なる。

❷ 次の表は，直接請求のしくみを示しています。あとの問いに答えなさい。

請求の種類	必要な署名	請求先	請求後の取り扱い
条例の制定または改廃の請求	有権者の ① 以上	A	議会を招集し，結果を報告。
首長・議員の解職請求（リコール）	有権者の ② 以上	B	C を行い，過半数の賛成があれば解職。

人をやめさせる②の請求のほうに，より多くの署名が必要となる。

(1) ①，②にあてはまる数字を，次から選びなさい。

① **50分の1**　② **3分の1**

［　50分の1　5分の1　3分の1　］

(2) A，Bにあてはまる請求先を，次から選びなさい。

A **首長**　B **選挙管理委員会**

［　選挙管理委員会　監査委員　首長　］

(3) Cにあてはまる語句を答えなさい。 **住民投票**

(4) 住民が上の表のような請求ができるのは，次のうちどのような要素が取り入れられているからだといえますか。 **直接民主制**
地方自治の制度自体は，間接民主制である。

［　代議制　直接民主制　間接民主制　立憲制　］

まとめのテスト　2 現代の民主政治

➔本冊 p.60

1 (1) エ

(2) A弁護人　B被告人

(3) 裁判員制度

(4) D高等裁判所　E上告

解説 (1) 図1は刑事裁判の様子。アは行政裁判，イとウは民事裁判の説明である

(2) 民事裁判の場合，訴えられた人は「被告」と呼ばれるので注意。

(3) 図2のように，原則として裁判官3人，裁判員6人の合議で行う。

2 (1) 三権分立

(2) A指名　B違憲

(3) 弾劾

解説 (1) フランスの思想家モンテスキューが「法の精神」で主張した。

(2) A内閣総理大臣と最高裁判所長官の任命は，天皇が行う。B違憲審査の最終判断を行う最高裁判所は，「憲法の番人」と呼ばれる。

3 (1) 民主主義

(2) ①地方債　②地方交付税交付金　③国庫支出金

(3) 地方分権

解説 (2) 地方税を「自主財源」というのに対し，②・③は「依存財源」という。

(3) 2000年に施行された地方分権一括法では，国と地方公共団体は，名目上では対等な関係とされている。

4 (1) ウ

(2) ①選挙管理委員会　②住民投票

(3) イ

(4) 直接請求権

解説 (1) エ首長は予算案を地方議会に提出し，地方議会によって決定された予算を実行する立場である。

(2) 首長や地方議会議員などの解職請求(リコール)もこれと同様である。

(3) ウ監査請求の請求先は，監査委員。

24 家計と消費

➔本冊 p.65

1 次の□にあてはまる語句をあとから選びなさい。

(1) 家庭が営む経済活動を［家計］といいます。

(2) 食料品や衣服，娯楽，教育などへの支出を［消費支出］といいます。

(3) 銀行預金や生命保険料の支払いは［貯蓄］と呼ばれ，将来の支出に備えるという意味で大切なものです。

生命保険も貯蓄になる点に注意しよう。

［　企業　家計　貯蓄　消費支出　非消費支出　可処分所得　］

①のカードは後払いなので，使いすぎてしまうおそれがある。

2 次の①，②は，買い物での会計の場面を示しています。あとの問いに答えなさい。

① 

(　③　)がなくても買い物ができるのは，これを発行した会社が代金を立て替えてくれているからです。

② 

(　③　)がデジタルデータとして登録されているので，(　③　)がなくても買い物ができます。

(1) ①のカード，②のお金をそれぞれ何といいますか。また，③に共通してあてはまる，実際のお金のことを何といいますか。

①［クレジットカード］　②［電子マネー］　③［現金］

(2) ①のカードを使っての買い物で気をつけるべきことを述べた次の文の□に共通してあてはまる語句を答えなさい。［収入］

現在の□だけでなく，将来の□についても正しい見通しを立て，支出とのバランスを考えて買い物をするべきです。

25 消費者と流通

➔本冊 p.

1 次の□にあてはまる語句をあとから選びなさい。

(1) 消費者の権利として，安全である権利，知る権利，［選択］する権利，意見を反映させる権利があると主張されています。

(2) 欠陥商品によって消費者が被害を受けた場合，［製造物責任法］では，企業に被害の救済を義務づけています。

PL法ともいう。

(3) 訪問販売などで商品を買った場合，一定期間なら［契約］が解除できるしくみをクーリング・オフ制度といいます。

クーリング・オフとは，「頭を冷やす」という意味。

［　契約　選択　売買　消費者基本法　消費者契約法　製造物責任法

2 次の図は，ある商品が消費者に届くまでを示しています。あとの問いに答えなさい。

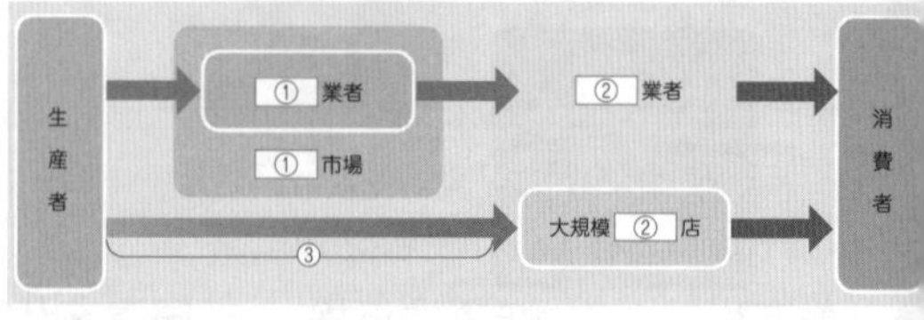

(1) 図のように，商品が生産者から消費者に届くまでの流れを何といいますか。［流通］

(2) ①，②にあてはまる語句をそれぞれ答えなさい。

①［卸売］　②［小売］

(3) ③の流れのように，デパートやスーパーマーケットが生産者から商品を直接仕入れ，経費の節約を図る取り組みを何といいますか。［流通の合理化］

家電量販店なども，メーカーから直接仕入れている。

6 企業の役割やしくみ

➔本冊 p.69

次の□にあてはまる語句をあとから選びなさい。

私企業は，**利潤** を得ることを目的として生産活動を行っています。

水道・ガスなどの地方公営企業やNHKなどの特殊法人は，**公企業** といいます。

利潤を求めないため，料金を変えるには，国や地方公共団体の許可がいる。

日本の企業のうち，数の上で大部分を占めているのは，**中小企業** です。

中小企業が全体の99％を占める。

［ 株式　税金　利潤　大企業　公企業　中小企業 ］

次の図は，株式会社のしくみを示しています。あとの問いに答えなさい。

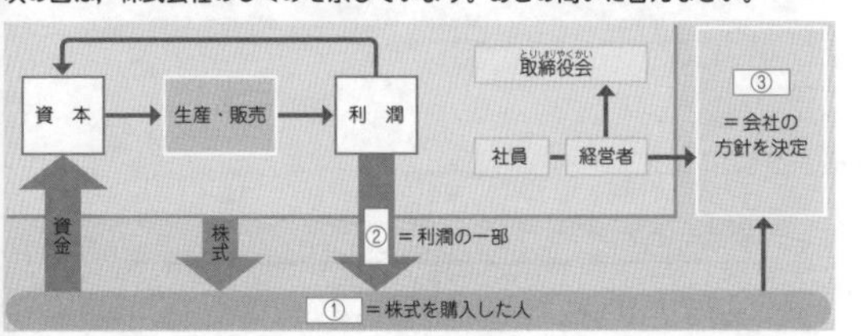

①～③にあてはまる語句を，それぞれ答えなさい。

① **株主**　② **配当**　③ **株主総会**

株式会社はどのような企業の一つに分類されますか。次の中から，2つ選んで答えなさい。

私企業　**法人企業**

私企業　公企業　特殊法人
個人企業　法人企業　国営企業

右の写真のような，株式が売買される場所を何といいますか。

証券取引所

27 労働者の権利

➔本冊 p.71

1 次の□にあてはまる語句をあとから選びなさい。

(1) 労働条件の維持(いじ)や改善を企業側と交渉するための組織を **労働組合** といいます。

働く人にはすべて，労働組合をつくる権利が認められている。

(2) 不景気になると仕事を得ることができない人が増えて，**失業** 率が高くなる傾向があります。

(3) 同じ企業で定年まで働く **終身雇用** と年功序列の賃金のしくみが，近年は変化してきています。

転職をする人や，能力主義や成果主義をとる企業が増えた。

［ 就職　失業　能力主義　終身雇用　協同組合　労働組合 ］

2 次の①～③は，ある法律の内容を示しています。あとの問いに答えなさい。

① 労働条件は，労働者と使用者が，A の立場で決定すべきである。

② 使用者は，女性の賃金について，男性と B な取り扱いをしてはならない。

③ 使用者は，労働者に1週間について C 時間を超えて労働させてはならない。

(1) A～Cにあてはまる語句や数字を，あとから選びなさい。

A **対等**　B **差別的**　C **40**

［ 差別的　対等　同一　36　40　48 ］

(2) ①～③の内容を定めている法律を何といいますか。 **労働基準法**

労働条件の最低基準を定めている。

(3) 現在，日本の労働者のうち約4割は，アルバイト・パート，派遣労働者，契約労働者などの，正社員ではない人たちです。このような，期間を定めた短期の契約で雇用される労働者を何といいますか。 **非正規労働者**

非正規労働者は，賃金・待遇面で弱い立場にある。

まとめのテスト　3 くらしと経済

➔本冊 p.72

1
(1) A家計(かけい)　B企業(きぎょう)
(2) ①税金　②消費支出(しょうひししゅつ)　③貯蓄(ちょちく)
(3) クレジットカード
(4) 流通(りゅうつう)

解説 (1) 税金の流れで，Cが政府であることがわかる。「賃金(ちんぎん)」と「労働力」の関係から，AとBを判断する。

(2) ①の税金や社会保険料のように強制的に支払わされる支出を非消費支出という。収入から非消費支出を差し引いた残りを，可処分所得(かしょぶんしょとく)という。

2
(1) 契約(けいやく)
(2) クーリング・オフ
(3) 製造物責任法(せいぞうぶつせきにんほう)

解説 (2) 訪問販売(ほうもんはんばい)や電話勧誘(かんゆう)販売による契約の場合，クーリング・オフの期間は，書面受領日から8日間。

(3) 日本では，1995年に施行(しこう)された。ＰＬ法とも呼ばれる。

3
(1) A私企業(しきぎょう)　B利潤(りじゅん)　C個人
(2) ア
(3) エ
(4) 株主総会(かぶぬしそうかい)

解説 (2) ア農家や個人商店は，私企業のうちの個人企業にあたる。

(3) ア配当(はいとう)は，所有する株式1株あたり何円として決められる。「無配(むはい)」といって配当金が出せない会社もある。

(4) 取締役会(とりしまりやくかい)と混同(こんどう)しないように注意。

4
(1) B
(2) ウ
(3) ①労働基準法(きじゅん)　②労働組合法

解説 (1) 女性で出産・子育てをする年代が，職場を離れていることがわかる。

(2) 幼い子どもを育てる女性の年代を選べばよい。

(3) ①，②と労働関係調整法をあわせて，労働三法という。

28 市場と価格の働き

➔本冊 p.75

1 次の□にあてはまる語句をあとから選びなさい。

(1) 自由な市場で，需要量と供給量が一致したときの価格を［均衡］価格といいます。
均衡とは，つりあいの取れた状態という意味。

(2) 自由な競争がない状態で，企業が一方的に決める価格を［独占］価格といいます。
複数の企業が談合で決める価格も独占価格である。

(3) 電気や水道などの料金は［公共］料金といって，国や地方公共団体が管理しています。

［ 卸売　独占　均衡　小売　特別　公共 ］

2 次のグラフは，価格が動くしくみを示しています。あとの問いに答えなさい。

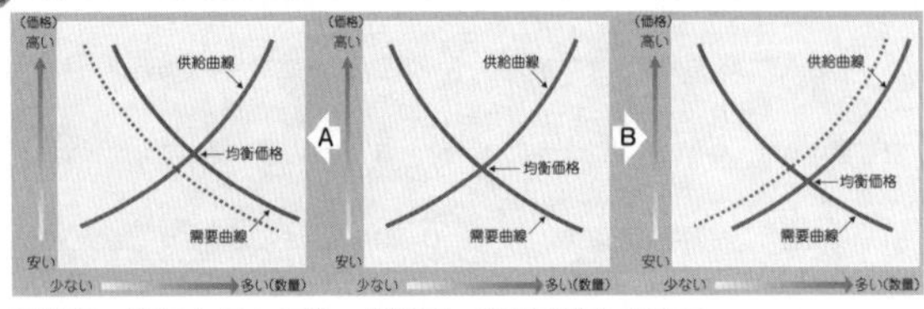

需要量＝買いたい人の数，供給量＝商品の数と考える。

(1) A，Bの変化について説明した次の文の①～④にあてはまる語句を，供給･需要･上･下の中からそれぞれ選びなさい。
Aは［①］量だけが増えたため，価格が［②］がることを示し，Bは［③］量だけが増えたため，価格が［④］がることを示している。

① 需要　② 上　③ 供給　④ 下

(2) 市場における自由な競争をうながす目的で独占禁止法が制定されています。この運用を行う機関を何といいますか。
［公正取引委員会］

29 貨幣と金融

➔本冊 p.

1 次の□にあてはまる語句をあとから選びなさい。

(1) お金の貸し借りの橋渡しをする，銀行や信用金庫などを［金融］機…といいます。
「お金を融通(ゆうずう)する」ということから金融。

(2) お金の借り手は，一定期間後，借り入れたお金と［利子］を貸し手…支払わなければなりません。
利子が銀行の利潤となり，預金者にも還元される。

［ 元金　利子　預金　金融　公的　行政 ］

2 次の図は，銀行や日本銀行などの働きを示しています。あとの問いに答えなさい。

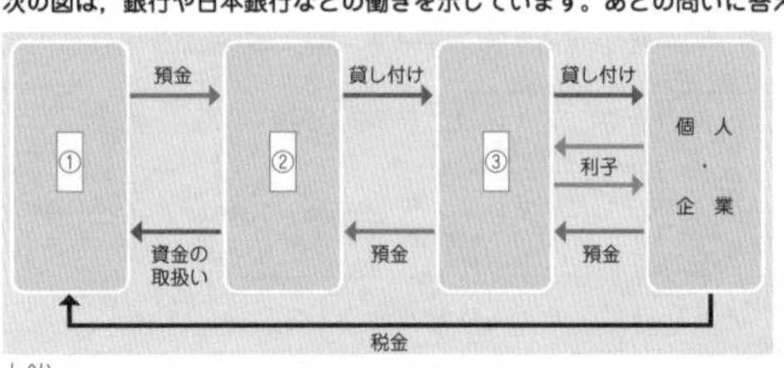

(1) 紙幣を発行したり，政府の資金の出し入れを行ったりする，国の金融の中心とし…の役割を果たす銀行を何といいますか。日本では，日本銀行がこれにあたります。
［中央銀行］

(2) ①～③には，銀行，日本銀行，政府のいずれかがあてはまります。それぞれ選…答えなさい。日本銀行は，個人・企業とは，直接お金をやり取りしな…

① 政府　② 日本銀行　③ 銀行

(3) 景気の変動に対応し，経済を安定化させるため，銀行の資金量を変化させるなど…策を日本銀行が行います。こうした政策を何といいますか。
［金融政策］

30 税と公債

➔本冊 p.79

1 次の□にあてはまる語句をあとから選びなさい。

(1) 国や地方公共団体が，税金などの収入をもとに行う経済活動を［財政］といいます。

(2) 国の歳出にしめる［社会保障］関係費の割合は，約3割です。
← 高齢化が進み，医療費や年金の支出が増加。

(3) 国の借金にあたる［国債］の残高が，2019年には約900兆円に達しています。

［ 公共事業　社会保障　防衛　金融　財政　国債 ］

2 次の図は，おもな税金を示しています。あとの問いに答えなさい。

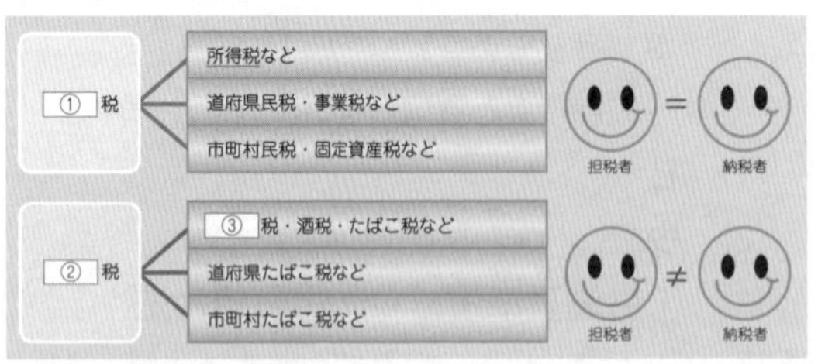

(1) ①～③にあてはまる税の種類や名称を，あとからそれぞれ選びなさい。

① 直接　② 間接　③ 消費

［ 消費　法人　直接　間接　相続　自動車 ］

(2) 下線部の所得税は，所得が多くなればなるほど，税率が高くなる方法がとられています。このような課税方法を何といいますか。
［累進課税］
所得の不均衡を調整するためのしくみ。

31 景気と財政

➔本冊 p.

1 次の□にあてはまる語句をあとから選びなさい。

(1) 道路や港湾など，民間企業では供給されにくい公共施設を［社会資本］…いい，国や地方公共団体が公共事業として整備しています。
公共事業を増やすと，景気はよくなる。

(2) 国が公共事業を増減させたり，増税や減税を行ったりする［財政］…策は，景気の変動を調整することをねらいとしています。

(3) 日本は1970年代におこった［石油危機］を乗り越え，1990年ころま…定した経済成長を続けました。
石油危機によって高度経済成長は終わりをつげた。

［ 金融　財政　バブル崩壊　石油危機　社会保障　社会資本 ］

2 次の図は，景気の変動を示しています。あとの問いに答えなさい。

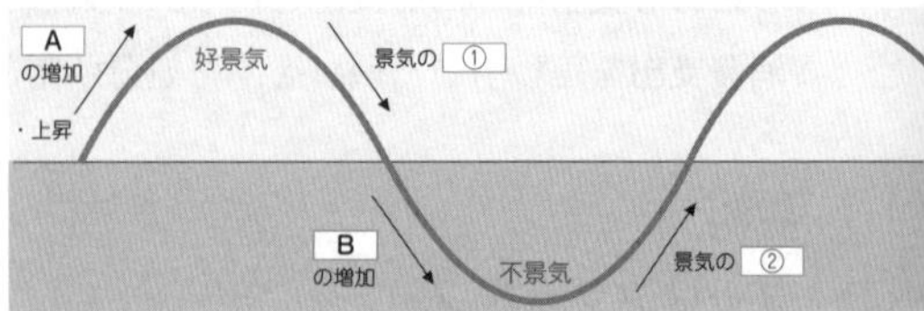

(1) Aではなく，Bにあてはまる語句を，次から選びなさい。
［失業者］
Bは不景気になると増えるものである。
［ 生産　消費　失業者　賃金 ］

(2) ①，②にあてはまる語句を，次から選びなさい。
① 後退　② 回復
［ 停滞　加熱　回復　後退 ］

(3) 不景気のときに，所得が減って消費が低迷し，物価が継続的に下がる現象がお…場合があります。この現象を何といいますか。
［デフレーショ…］
「デフレ」でも可

2 社会保障のしくみ

➔本冊 p.83

次の□にあてはまる語句をあとから選びなさい。

社会保障制度は，国民が健康で文化的な [最低限度] の生活を営むために，国が整備しているものです。
憲法第25条の生存権。

社会保障制度のうち，[社会保険] とは，保険料を支払って必要なときに給付を受ける制度です。

生活に困っている人々に生活費や教育費などを支給するのが [公的扶助] です。 生活保護がこれにあたる。

社会保険　公的扶助　公衆衛生　最低限度　最高水準　］

次の図は，日本の社会保障制度を示しています。あとの問いに答えなさい。

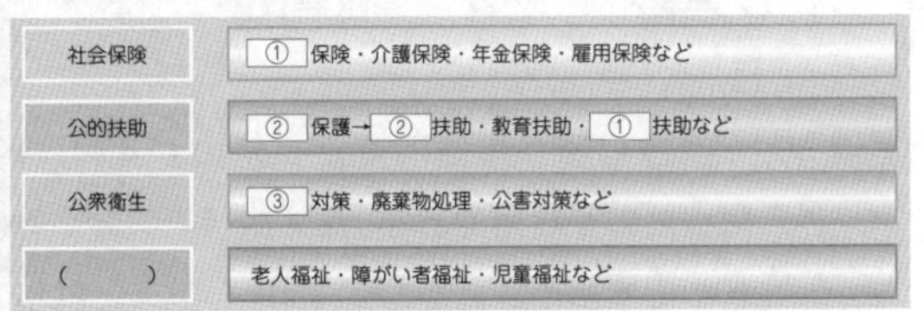

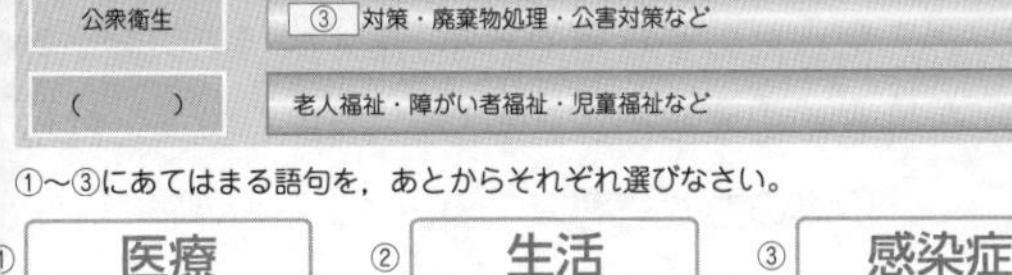

①〜③にあてはまる語句を，あとからそれぞれ選びなさい。

① [医療]　② [生活]　③ [感染症]

生活　住宅　医療　感染症　］

（　）にあてはまる，日本の社会保障制度の４つの柱の１つを答えなさい。 [社会福祉]

高齢化が進んでいることから考える。

日本の社会保障給付費のうち，最も金額が多いものを，護・年金・福祉・医療の中から１つ選びなさい。 [年金]

33 社会保障の問題点

➔本冊 p.85

1 次の□にあてはまる語句をあとから選びなさい。

(1) 世界には，スウェーデンのように，国民の重い [税　金] の負担によって充実した社会保障が行われている国があります。
高福祉高負担という。

(2) 2000年から始まった保険制度は，40歳以上の人が加入し，[介　護] が必要になったときにサービスを受けられるというものです。
介護保険制度である。

［　医療　生活保護　介護　労働力　年金　税金　］

2 次の図は，国民年金のしくみを示しています。あとの問いに答えなさい。

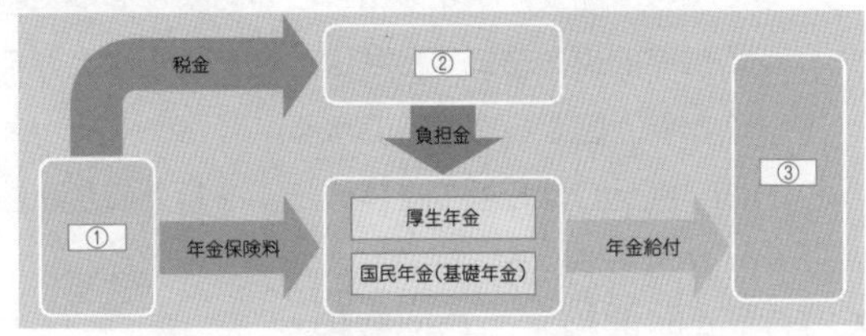

(1) ①〜③にあてはまる語句を，あとからそれぞれ選びなさい。

① [現役世代]　② [国]　③ [年金世代]

［　国　社会福祉施設（ふくししせつ）　子ども世代　年金世代　現役世代　］

現役世代とは，現在働いている世代のこと。

(2) 次の文のA〜Cにあてはまる語句を，それぞれ漢字２字で答えなさい。
年金保険料を負担する現役世代の人口が減っている。

少子 A 化が進む日本では，労働力人口が減るため，増え続ける医療費や B 給付額をまかなうための C 料と税収が不足するおそれがあります。

A [高齢]　B [年金]　C [保険]

4 公害と環境

➔本冊 p.87

次の□にあてはまる語句をあとから選びなさい。

四大公害病のうちの２つが，九州と新潟で発生した [水俣病] です。

四大公害病のうちの１つである四日市ぜんそくは，[大気汚染] によって発生した公害病です。
他の３つはいずれも水質汚濁。

ペットボトルや古新聞などを資源として再生利用することを [リサイクル] といいます。
リユースは，空きびんなどをそのまま洗って再利用すること。

大気汚染　水質汚濁（おだく）　リユース　リサイクル　イタイイタイ病　水俣病　］

次の図は，資源を有効に使う社会の様子を示しています。あとの問いに答えなさい。

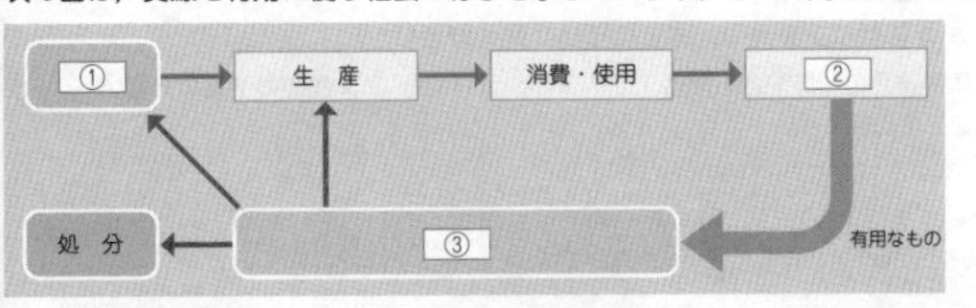

①〜③にあてはまる語句を，あとからそれぞれ選びなさい。

① [原材料]　② [廃　棄]　③ [処　理]

焼却（しょうきゃく）　廃棄　処理　原材料　］

1993年に制定された，環境保全についての総合的な法律を，次から選びなさい。

公害対策基本法　家電リサイクル法　環境基本法　］ [環境基本法]

公害対策基本法が制定されたのは，1967年。

図で示したようなことを実行して，廃棄物を減らし，資源を有効に利用して環境に負荷をかけないことをめざす社会を何といいますか。 [循環型社会]

35 世界と日本経済

➔本冊 p.89

1 次の□にあてはまる語句をあとから選びなさい。

(1) 日本は工業製品の輸出が増える一方，農産物の輸入も増え，[食料自給率] が低くなっていることが食の安全上，課題になっています。

(2) 円高の影響もあり，海外に工場を移転する企業が増え，[産業の空洞化] が問題になっています。
失業者が増えたり，技術が受けつがれなくなる。

(3) 円とドルのように異なるお金の交換比率のことを [為替相場] といいます。

［　失業率　食料自給率　為替相場　貿易摩擦（まさつ）　産業の空洞化　］

2 次の各文は，円高・円安とその影響を示しています。あとの問いに答えなさい。

○ １ドル＝90円が，１ドル＝95円になることを A という。
円の価値が下がっているので，円安。

○ 円が買われ，ドルが売られると，ドルに対する円の価値が高まり，B になる。

○ 円高になると，輸出でかせいでいる製造業にとっては，C になる。
１ドル＝95円の売り上げが90円に減る。

○ 円安になると，海外旅行に行き，現地で買い物をする人には D になる。
90円で買えていたものが，95円必要になる。

(1) A，Bには，円高・円安のうち，それぞれ，どちらがあてはまりますか。

A [円安]　B [円高]

(2) C，Dには，有利・不利のうち，それぞれどちらがあてはまりますか。

C [不利]　D [不利]

(3) 外国から日本に旅行に来て買い物をする人が，同じ予算（自国のお金）でたくさんのものが買えるのは，円と自国のお金との関係が円高・円安のうち，どちらのときですか。 [円安]

まとめのテスト　3 くらしと経済

➔本冊 p.90

1 (1) ①＞　②上

(2) C

(3) ①独占禁止　②公正取引

(4) 公共料金

解説 (1) ①野菜の出荷量が減ったということは，供給量が減ったということで，需要量は変わらないため，需要が供給を上まわる結果となった。②供給曲線を左にずらせば，均衡価格は上がることが，図からも判断できる。

(2) 製品Cは5社で全体の8割を超える生産数量を占めている。

2 (1) A所得税　C消費税

(2) ア，エ

解説 (1) 消費税収入の総額は，景気変動の影響をあまり受けないことがわかる。

(2) アとイは日本銀行が行う金融政策，ウとエは政府の財政政策である。景気後退期の政策には，減税もありうる。

3 (1) A増加　B重く

(2) 社会保険

(3) Cイ　Dエ

解説 (2) 日本の社会保障制度の柱とは，社会保険，会福祉，公的扶助，公衆衛生の4つである。

(3) びんやかん，ペットボトルなどの分別回収再資源化を促進するための法律を，容器包装サイクル法という。

4 (1) ①為替　②4　③円安　④7

(2) B

解説 (1) 為替相場が最も円安だったのが4月，円だったのが6月である。海外旅行での買い物にドルで支払うことを想定すれば，輸入と同じて円高の方が有利である。

(2) 自動車産業は，円高に対応するという意味も，海外での生産を増やしてきた。円高は輸産業にとっては不利。

36 国家のしくみと国際ルール

➔本冊 p.95

1 次の□にあてはまる語句をあとから選びなさい。

(1) 国家の主権は，他国に支配されたり，**干渉** されたりしない権利や他国と対等である権利からなっています。「国民主権」とは意味が異なる。

(2) 国家を構成する3つの要素は，**領域**・国民・主権です。

(3) 国際慣習法や国と国とが結ぶ条約などを **国際法** といいます。

[　国際法　国際連合憲章　干渉　援助　国旗　領域　]

2 次の資料は，日本の領域と排他的経済水域を示しています。あとの問いに答えなさい。

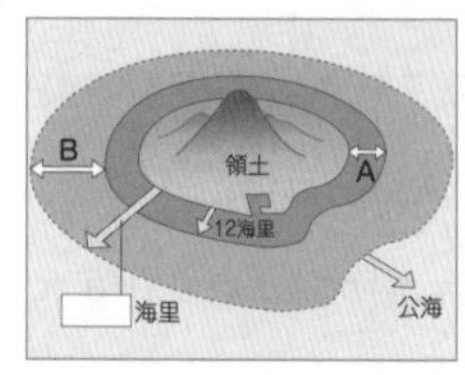

(1) 図中のAにあてはまる，沿岸から12海里の範囲を何といいますか。 **領海**

(2) 図中のAの外側のBにあてはまる排他的経済水域は，沿岸から何海里までの範囲ですか。 **200** 海里
1海里＝1.852kmである。

(3) 地図中のCは，ロシアに占拠されている島々を示しています。日本固有のこの領土を何といいますか。 **北方領土**
国後島，択捉島，歯舞群島，色丹島からなる。

(4) 地図中のDは，Aや排他的経済水域を守るために，水没を防ぐ護岸工事が行われている，日本の南端の島です。この島を何といいますか。 **沖ノ鳥島**

37 国際連合のしくみと仕事

➔本冊 p.

1 次の□にあてはまる語句をあとから選びなさい。

(1) すべての国連加盟国からなり，年1回定期的に開かれる **総会** 1国1票の投票権が認められています。

(2) 世界の平和と安全を維持することを目的にしているのが **安全保障理事会** 常任理事国は5か国です。
アメリカ，イギリス，フランス，ロシア，中国。

(3) 紛争地域における停戦の監視などを行う国連の **PKO** には，日自衛隊も参加します。
平和維持活動のこと。

[　経済社会理事会　安全保障理事会　総会　PKO　NPO　]

2 次の各グラフを見て，あとの問いに答えなさい。

①国際連合の加盟国数の推移

年	オセアニア	南北アメリカ	A	B	C	計
1945年	2	22	14	9	4	51
1960	2	22	26	23	26	99
1970	3	26	27	29	42	127
1980	6	32	29	36	51	154
1992	9	35	45	38	52	179
2020	14	35	51	39	54	193

0　50　100　150　200か国

②国連の予算の分担率

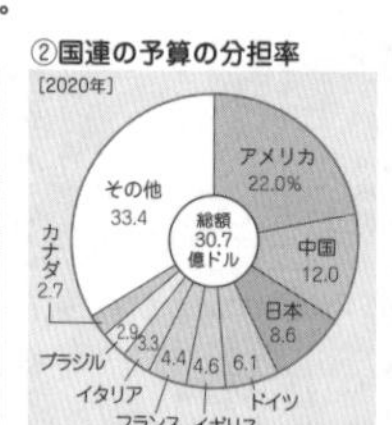

(1) ①のグラフのA～Cにあてはまる地域を，あとからそれぞれ選びなさい。

A **ヨーロッパ・旧ソ連**　B **アジア**　C **アフリカ**

[　アジア　アフリカ　ヨーロッパ・旧ソ連　]

Aはソ連崩壊後の1992年，Cは独立国が増えた1960年に着目。

(2) ②のグラフ中の上位5か国のうち，安全保障理事会で拒否権を持っている国を，つ選びなさい。 **アメリカ**　**中国**　**イギリス**

38 多様化する国際問題

➔本冊 p.99

次の□にあてはまる語句をあとから選びなさい。

1993年にヨーロッパで発足した **EU** では，経済以外の分野でも加盟国間の結びつきを強めています。
ヨーロッパ連合のこと。

国連は，政治的な弾圧や紛争などのために国外へ逃げている **難民** を保護する活動を行っています。

日本政府は，発展途上国の人々の生活を向上させるため， **ODA** に取り組み，技術協力や資金協力を行っています。
「日本政府」が主語なので，政府開発援助の略語が正答となる。

[多国籍軍　難民　EC　EU　NGO　ODA]

次の図は，世界の協力関係を示しています。あとの問いに答えなさい。

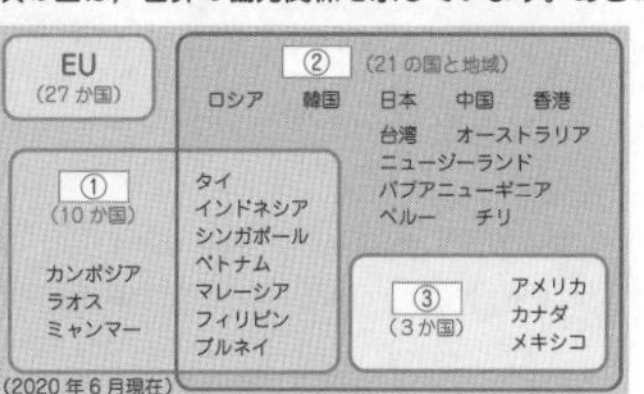

①〜③にあてはまる国々の結びつきを，あとからそれぞれ選びなさい。

① **ASEAN**　② **APEC**　③ **NAFTA**

[APEC　OPEC　ASEAN　NAFTA　UNESCO]

①東南アジア諸国連合，②アジア太平洋経済協力会議，③北米自由貿易協定。

図のように，経済や地域の発展のため，国どうしが会議を開いて方針を決めたり，協定を結んだりして，協調や協力を強めようとする動きを何といいますか。

地域主義

39 国際問題と私たち

➔本冊 p.101

1 次の□にあてはまる語句をあとから選びなさい。

(1) 石炭や石油のような化石燃料に対して，風力や地熱， **太陽光** などの自然エネルギーを，再生可能エネルギーといいます。
天然ガスは化石燃料。「天然」という名だが，再生はされない。

(2) 発展途上国では，7人に1人が **飢餓** に直面しています。

(3) 南の発展途上国と，北の先進工業国との経済格差を **南北問題** といいますが，近年では途上国間の格差も問題になっています。
途上国間の格差を南南問題という。

[紛争　飢餓　天然ガス　太陽光　南南問題　南北問題]

2 次の①〜③は，地球環境問題に関する資料です。あとの問いに答えなさい。

①

②
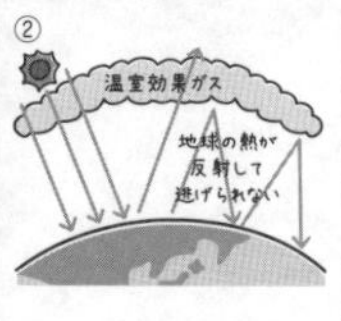

③
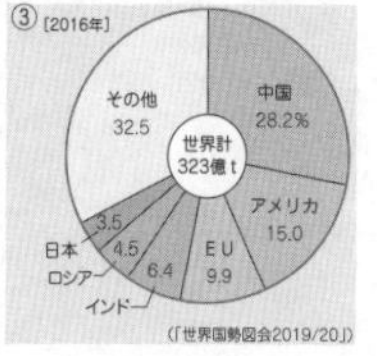

(1) ①，②の資料と最も関係が深い語句を，あとから選びなさい。

① **酸性雨**　② **地球温暖化**

[砂漠化　地球温暖化　オゾン層の破壊　酸性雨]

(2) ③は，②の図中の「温室効果ガス」を代表的するある気体の排出量が多い国を示しています。ある気体とは何ですか。

二酸化炭素

(3) ③のグラフ中の中国やアメリカ，日本などで，最も発電量の割合が高いものを，水力・火力・原子力の中から選びなさい。

火力

火力発電は化石燃料を燃やすため，二酸化炭素の排出量が大きい。

まとめのテスト　4 現代の国際社会

➔本冊 p.102

(1) aウ　bオ　cア
(2) 主権，国民
(3) 国際法

解説 (1) aの排他的経済水域は，領海の外側の，沿岸から200海里までの範囲である。排他的経済水域の外側がbの公海。
(2) 国家の主権は，内政不干渉の原則と，主権平等の原則からなっている。国旗や国歌は，国家のシンボルである。

(1) A安全保障理事会
B経済社会理事会
(2) ア
(3) PKO

解説 (1) Bの経済社会理事会は，貿易や経済開発などの経済問題と，人口や女性の権利，食糧，労働，教育などの社会問題を担当する国連の主要機関である。
(2) イ〜エは，安全保障理事会に関する説明。

3 (1) ①EU　②ASEAN
(2) 地域主義
(3) ブラジル

解説 (1) 人口に比べ，国内総生産の合計が著しく少ない②がASEANであると判断できる。
(3) APECはアジア太平洋経済協力会議のこと。太平洋に面してない南アメリカのブラジルは参加していない。

4 (1) 南南問題
(2) ODA
(3) 難民
(4) 非核三原則
(5) A持続　B温暖

解説 (1) 南北問題との区別に注意。
(2) 政府開発援助の略称である。
(3) 国連総会の機関である国連難民高等弁務官事務所の本部は，スイスのジュネーブに置かれている。

0 9 8 7 6 5 4 3
D C B A